Wolfgang Wünsch
Menschenbildung durch Musik

Menschenkunde und Erziehung

74

Schriften der Pädagogischen Forschungsstelle
beim Bund der Freien Waldorfschulen

WOLFGANG WÜNSCH

Menschenbildung durch Musik

Der Musikunterricht an der Waldorfschule

VERLAG FREIES GEISTESLEBEN

Die Deutsche Bibliothek – Cip Einheitsaufnahme

Wünsch, Wolfgang:
Menschenbildung durch Musik: der Musikunterricht
an der Waldorfschule / Wolfgang Wünsch. – Stuttgart:
Verlag Freies Geistesleben, 1995
(Menschenkunde und Erziehung; 74)

ISBN 3-7725-0274-1

NE: GT

Einband: Walter Schneider
Druck: PDC Paderborner Druck Centrum

Inhalt

Vorblick

Es ist besonders in diesem Jahrhundert von vielen bedeutenden Musikern und Musikpädagogen immer wieder aufmerksam gemacht worden auf die zentrale Rolle, die die Musik im Erziehungswesen spielt. Da ist zuallererst Zoltán Kodály zu nennen, der im Jahre 1951 in Ungarn Schulen mit erweitertem Musikunterricht (täglich eine Unterrichtsstunde Musik) ins Leben rief. Neben seiner Tätigkeit als Volksliedforscher und Komponist hat Kodály eine neue Musikpädagogik entwickelt, die vor allem auf dem Gesang aufbaut und eine gut fundierte musikalische Bildung für alle Kinder ermöglicht. Worum es Kodály eigentlich geht, drückt er in einem Gespräch[1] mit folgenden Worten aus:

«Diese hundert Schulen sind keine Musikschulen, sondern Menschenschulen. Der Mensch ist ohne Musik nicht vollständig, sondern nur ein Fragment.»

Der Erfolg dieses Schulexperimentes blieb nicht aus. Es zeigte sich, daß die Leistungen an den genannten Schulen in allen Fächern deutlich besser waren als an anderen Schulen. Das ist um so beachtlicher, als alle anderen Fächer zugunsten des Musikunterrichtes von der Stundenzahl her reduziert werden mußten.

Kodály hatte das Ergebnis vorausgesehen. In dem erwähnten Gespräch heißt es etwas später:

«Unsere Psychologen beginnen sich dafür zu interessieren und zu fragen, woher das denn kommt. Wir, die wir in der Praxis leben, brauchen dafür keine Erklärung. Wir wissen, daß eine tägliche Beschäftigung mit der Musik den Geist so erfrischt, daß er dann für alle anderen Gegenstände mehr Empfänglichkeit zeigt. Es scheint dar-

über hinaus, daß die Musik auch eine Einwirkung auf den Menschen im allgemeinen ausübt.»

Diese allgemeinen Einwirkungen beziehen sich vor allem auf die Disziplin und das soziale Verhalten. Das bestätigen auch viele andere Pädagogen, die Erfahrungen auf diesem Gebiet gesammelt haben.

Unter anderen wären hier noch zu nennen: Béla Bartók, Carl Orff, Heitar Villa-Lobos (Brasilien) und die vielen Chorleiter, Chorkomponisten und Musikpädagogen aus der Zeit der Jugendmusikbewegung in der ersten Hälfte des 20. Jahrhunderts.

In den sechziger Jahren ist es besonders Georg Picht, der an das alte griechische Bildungsideal erinnert und in einem guten, umfassenden musikalischen Unterricht an der Schule die Voraussetzung für eine wirkliche Menschenbildung sieht. Seine Schrift «Die deutsche Bildungskatastrophe» (1964) erregte damals in der Kulturwelt viel Aufsehen.

1970 greift Felix Messerschmid in *Gutachten und Studien der Bildungskommission Bd. 17* diese Gedanken wieder auf. Er schreibt:

«Auch im Bereich der Musik und der Musikerziehung ist die Bundesrepublik im internationalen Vergleich in den Rückstand geraten. Das ist um so weniger hinzunehmen, als damit nicht nur eine große deutsche Überlieferung verlorenzugehen droht, sondern als Versuche in mehreren – östlichen und westlichen – Ländern und Untersuchungen bestätigt haben, daß eine intensive musikalische Bildung die Leistungen auch in anderen Fächern erheblich zu steigern vermag, da Musik die geistigen Organe in besonderem Maße aufschließt.»

Erläuternd dazu heißt es an anderer Stelle:

« ... Aufgabe der Didaktik ist es, die Bildung dem menschlichen Zusammenhang von Wissenschaft, Kunst, Sittlichkeit und Religion wieder besser, allseitiger zuzuordnen, als das heute der Fall ist. Das heißt ‹grundlegende Geistesbeschäftigungen› treiben. Gemeint sind damit nicht Fundamentalwissenschaften im Schulformat, sondern die elementaren geistigen Erfahrungen, in denen die Welt sich uns auftut und welche Leib, Seele und Geist, das heißt den Menschen, prägen. Verstehen wir die Bildungsaufgabe so, dann rückt die musische Bildung wieder aus der Randzone der Schule näher zu ihrer Mitte ... »

Auch hier wird der Musikunterricht nicht als Fachunterricht angesehen, der spezielle Inhalte vermittelt, sondern als zentraler Unterricht, der den Menschen bildet und ihm «Geisterfahrung» ermöglicht.

In der Schweiz wurde das Kodály-Experiment in der Zeit von 1988-1991 wiederholt. Das Ergebnis dieses dreijährigen Schulversuchs wurde in *Musik macht Schule* von Ernst Waldemar Weber, Maria Spychinger und Jean-Luc Patry im Verlag «Die blaue Eule» festgehalten. Auch hier erzielte man positive Ergebnisse, obgleich der Versuch sich nur über drei Jahre erstreckte.

Trotz aller dieser engagierten Bemühungen und der statistischen Nachweise hat die allgemeine Schulpolitik daraus noch kaum Konsequenzen gezogen. Es ist, obwohl die Ergebnisse vorliegen, auch nicht leicht, eine wirkliche Einsicht zu gewinnen in das, was durch die musikalische Tätigkeit im Menschen und seinem Verhältnis zur Welt geschieht. Auch das hier vorgelegte Buch will keine endgültigen Antworten geben, sondern eher Wege weisen und Voraussetzungen für eine freie schöpferische Gestaltung des Musikunterrichts schaffen, so daß er in der beschriebenen Weise menschenbildend wirken kann.

Es wird dabei hauptsächlich um die musikalische Tätigkeit gehen, weniger um musikalische Betrachtungen. Es lassen sich «reale geistige Erfahrungen», von denen Felix Messerschmid spricht, eben nur durch Tätigsein, wozu auch das aktive Hören gehört, gewinnen. Dazu Felix Messerschmid:

« ... In den großen künstlerischen Gestaltungen ist ja doch die Welt in der Weise der Kunst [bezieht sich auf die Schönheit eines Bildes oder den sinnvollen Bau einer Fuge, Anm. des Verf.] gegeben, und noch das kleinste künstlerische Gebilde, wenn es vollkommen ist, zeugt von dieser künstlerischen Gestaltbarkeit der Welt, vermag uns aus der Engnis unseres Lebenskreises zu lösen und die wirklichen Maßstäbe des menschlichen Daseins sichtbar zu machen. Solche Erfahrung wird dem Schüler jedoch nur zuteil, wenn er selbst gestaltend und nachgestaltend (im Bereich der Musik) tätig geworden ist; das bloße Verstehen reicht dazu nach aller Erfahrung nicht aus.»

In dem Diskussionsbeitrag «Zur Theorie und Praxis künstlerischer Bildungsprozesse am Beispiel der Musikerziehung in der Waldorfpädagogik» in *Pro und Contra Waldorfpädagogik*, herausgegeben von Otto Hansmann (Podiumsdiskussion zwischen Prof. Thomas Ott und dem Verfasser), geht es auch um dieses Thema, um aktive Erfahrung, aktives Erkennen. Wie ein Leitfaden wird sich dieses Thema durch das vorliegende Buch hindurchziehen.

Es ist auffällig, daß gerade in unserem 20. Jahrhundert Aufrufe sich häufen, die den Menschen die Wichtigkeit einer musikalischen Bildung für das gesamte Kulturleben nahebringen wollen. Und man wird im Anschauen der Zeitsituation auch leicht darauf kommen, daß es in Zukunft außerordentlich viel auf die innere Entwicklung des Menschen ankommen wird. Einsicht in das Verhältnis von Mensch und Natur, Einsicht in das Verhältnis von Mensch zu Mensch, Verantwortlichkeit im Umgang mit Natur und Mensch, das setzt vor allem seelische Fähigkeiten voraus, die nicht von vornherein da sind, sondern die erworben werden müssen. Der Mensch ist in unserem Jahrhundert zur Entfaltung seiner Freiheit herangereift. Wie er mit ihr umgeht, das hängt von ihm ab.

Musik kann meines Erachtens heute nicht mehr anders gesehen werden denn als Wegbereiterin für die künftigen Menschheitsaufgaben. So kann man sicherlich auch Yehudi Menuhin verstehen, der mit großem Interesse und Engagement die Entwicklung der Musikerziehung in allen Ländern verfolgt und der in seinem Geleit zu *Musik macht Schule* schreibt:

«Mit ‹Musik macht Schule› wird endlich die Musik als Teil der allgemeinen Bildung und als Beitrag zur Rettung des Menschen anerkannt ...».

Vergessen wir dabei nicht, daß Musik natürlich auch Freude macht, vielleicht, weil wir uns, indem wir Musik betreiben, stets auf der Grenze zwischen dem Geistigen und dem Sinnlichen bewegen und mehr oder weniger bewußt etwas von unserer geistigen Urexistenz erleben.

Indem wir nun musikalisch tätig werden, tragen wir zugleich Bewußtsein in unsere seelische und geistige Erlebniswelt, weil wir fortwährend verfolgen, wie die musikalischen Kräfte auf unser inneres Seelenleben wirken, wie unser Empfinden mit diesen Kräften korrespondiert. Damit wirken wir dem entgegen, was Bernard Lievegoed die «Kräfteinvasion aus dem unbewußten Seelenleben»[2] nennt, welcher der Mensch heute immer mehr ausgesetzt ist. Zugleich gilt es, in diesem Seeleninneren als Mensch präsent zu sein, damit wir hier nicht unbekannten Kräften ausgeliefert sind und damit unfrei werden. Davon spricht u. a. Rüdiger Liedtke in seinem Buch *Die Vertreibung der Stille.*

Wir werden diesen Weg nun so beschreiben, daß wir, fußend auf der anthroposophischen Menschenkunde, die leiblich-seelisch-geistige Entwicklung des Kindes und des jungen Menschen ins Auge fassen und das, was uns da entgegentritt, in Beziehung setzen zu dem, was eine phänomenologische Betrachtung der musikalischen Elemente, melodischer, harmonischer und rhythmischer Art, ergibt. Dabei werden wir gleichzeitig ein Stück Geistesgeschichte der Menschheit im Spiegel der Musik erleben. Wir werden weiterhin, wenn wir die Wirkungen der Musik auf das Seelisch-Geistige im Menschen noch näher studieren, im Verlauf unserer Betrachtungen sehen, daß Musik zugleich ein Ausdruck der Beziehung zwischen Mensch und Welt ist. Solche Gedanken sind für uns jedoch nur nützlich, wenn sie zu einer konkreten Unterrichtspraxis führen. Das wird in dieser Schrift angestrebt.

Grundlage für alles, was hierin ausgeführt wird, sind die drei Vorträge *Das Tonerlebnis im Menschen* von Rudolf Steiner.[3] Sie haben, neben den anderen pädagogischen Schriften und Vortragszyklen Rudolf Steiners, meine 28-jährige Unterrichtstätigkeit an Waldorfschulen begleitet, und aus ihnen habe ich immer wieder Orientierung und neue Anregungen bekommen. Aber ebenso verdanke ich den vielen Schülerinnen und Schülern, mit denen zusammen ich die Musikwelt immer wieder neu erfahren habe, das, was ich in diesem Buche niederschreiben kann. Meinem ehemaligen Kollegen Peter Michael Riehm möchte ich an dieser Stelle für seine mannigfaltigen Anregungen ebenso danken wie den vielen anderen, mit denen ich im Erfahrungsaustausch stand und noch immer stehe, und meiner Frau für die unermüdliche Hilfe bei der Ausgestaltung des Textes.

Und nun noch ein Hinweis für den Leser: Es werden in dieser Schrift viele praktische Unterrichtsbeispiele gegeben; sie mögen nicht als «Rezepte» verstanden werden. Wichtig war es mir, den Weg zu zeigen, der von den menschenkundlichen Quellen einerseits und den musikphänomenologischen Betrachtungen andererseits zum praktischen Unterrichtskonzept führt. Das Ergebnis wird bei jedem Lehrer etwas anders aussehen. Jeder künstlerische Prozeß – und um den handelt es sich auch in der Gestaltung des Unterrichtes – ist bei aller Objektivität ein individueller. Und so möge das Buch anregen, selbst schöpferisch zu werden und noch viele andere Möglichkeiten der Verwirklichung aufzuspüren.

1.
Das Kind in der ersten und zweiten Klasse

Begeben wir uns zu Anfang unserer pädagogischen Betrachtungen in die erste Klasse einer Waldorfschule. Wir haben es mit Kindern – Mädchen und Jungen – im siebenten Lebensjahr zu tun. Es geht sehr lebendig und bewegungsfreudig zu, besonders in der Pause und vor dem Unterricht. Nicht von Anfang an schauen die Kinder den Lehrer mit fragenden und staunenden Augen an. Ihre Bereitschaft muß erst geweckt werden. Doch das erfordert vom Lehrer, vom Erzieher ein Eintauchen in das Weltverständnis des Kindes, in dem es etwa bis zum neunten Lebensjahr lebt.

Man macht sich oft nicht klar, daß in diesem Alter das Verhältnis des Kindes zur umgebenden Welt ein ganz anderes ist als das älterer Kinder oder als das des Erwachsenen.

Wenn das kleine Kind zum Beispiel einem Menschen bei der Arbeit zuschaut, so fühlt es bis in sein Muskelsystem die Bewegungen des arbeitenden Menschen und das, was sich seelisch in ihnen ausdrückt, als Geste innerlich mit. Das wird sich hinterher in seinem Spiel äußern, und diese Fähigkeit nennen wir in der Waldorfpädagogik die Fähigkeit der *Nachahmung.* Sie ist eine reiche Quelle der Lernfähigkeit. In ihr lernt das Kind die es umgebende Welt unmittelbar kennen, indem es mit ihr mitlebt, ihr Leben innerlich mitgestaltet. Auf diese Weise hat das Kind zum Beispiel die Muttersprache in erstaunlich kurzer Zeit gelernt.

Ganz anders das Weltverhältnis des Erwachsenen. Als Erwachsene stehen wir der Welt beobachtend, abwägend, vergleichend, messend, mit Distanz gegenüber und können sie so urteilsmäßig und begrifflich erfassen. Ernst Lehrs[4] bezeichnet diesen Bewußtseinszustand als das «Zuschauerbewußtsein». Es begrenzt zugleich das Wahrnehmungsfeld auf das Sinnlich-Wahrnehmbare. Das Kind hat durch sein unmittelbares Miterleben der Vorgänge in der umgebenden Welt noch ein sicheres Gefühl für die großen Zusammenhänge zwischen Mensch, Natur und dem himmlischen Reich, für das, um es mit Goethe zu sagen, «... was die Welt im Innersten zusammenhält». Die «Warum-Fragen» der Kinder sind oft Fragen nach solchen Zusammenhängen, und ihre Enttäuschung ist groß, wenn die Antwort nur eine begrenzt kausale ist. Es bleibt dann oft eine Empfindung zurück: «Mit den Erwachsenen kann man über solche Dinge nicht reden. Sie verstehen es nicht.»[5]

Hierzu ein Beispiel, eine Begebenheit, die sich in den sechziger Jahren ereignete:

Eine Mutter geht mit ihrer sechsjährigen Tochter in der Nähe eines hessischen Dorfes entlang eines Kornfeldes. Das Kind streicht mit seinen kleinen Händen versonnen durch die Ähren und fragt plötzlich: «Mutter, wo kommt eigentlich das Korn her?» Die Mutter, die jedes Jahr bei der Ernte hilft und dabei das Kind immer bei sich hat, antwortet ihr: «Aber Kind, das weißt du doch, du siehst doch, wie wir jeden Sommer ernten und wie dann im Herbst oder Frühling ein Teil der ausgedroschenen Körner wieder ausgesät wird. Daraus kommen dann wieder die neuen Halme mit den Ähren.» – Eine vernünftige Antwort, aber das Kind hat nach etwas anderem gefragt. Meistens schweigt ein Kind nach solch einer Antwort, etwas enttäuscht, daß man mit den Erwachsenen sich so schwer verständigen kann. In diesem Fall sprach das Kind weiter: «Ach Mutter, das weiß ich schon, ich meine doch – wo das *erste* Korn herkommt!?»

Solche Fragen leben in den Kindern, und man kann als Erwachsener etwas von dem Anspruch wahrnehmen, der hinter solchen Fragen steht. Man könnte ihn so formulieren: Lebe dich ein in die Geheimnisse der tieferen Weltzusammenhänge, in denen das Kind noch zu Hause ist.

Was bedeutet das nun für den Musikunterricht?

Um diese Frage zu beantworten, müssen wir etwas vorwegnehmen, was im zweiten Kapitel Gegenstand der Betrachtung sein wird. Wir müssen nämlich für das, was wir als das Weltverhältnis des Kindes geschildert haben, ein Äquivalent im musikalischen Erleben suchen, und ein solches finden wir besonders im Erleben der Quint.

Wenn wir versuchen, unsere innere Seelenregung, unsere Empfindung beim aktiven Hören der Intervalle zu beobachten, werden wir etwa folgendes bemerken: Während wir die Intervalle von der Prim bis zur Quart noch wie in einem seelischen Innenraum erleben, öffnet sich dieser in der Quint, und wir fühlen die Möglichkeit, im Erleben uns nach außen zu wenden. Wir treten seelisch aus uns heraus, tauchen ein in die uns umgebende Welt, und gerade das ist es, was das Kind noch als natürliche Fähigkeit mitbringt.

Daß wir als Erwachsene diese Fähigkeit von Natur aus nicht in dieser Weise haben, liegt daran, daß in uns ein «Terzerleben» dominiert, während das Kind, nachklingend noch bis etwa in das neunte Lebensjahr herein, im Quinterleben zu Hause ist, das sein ganzes Dasein durchzieht.

Alles das, was mit den Intervallerlebnissen zusammenhängt, werden wir ausführlicher im kommenden Kapitel behandeln. Hier sollte nur zum Verständnis dessen, wie das Kind musikalisch erlebt, auf das Intervall der Quinte hingewiesen werden, von dem Rudolf Steiner im Hinblick auf das Auftreten der Quintenstimmung in der Menschheitsgeschichte folgendes sagt[6]:

« ... *Es kam das Quintenerlebnis, wodurch der Mensch sich noch mit dem verbunden fühlte, was in seinem Atem lebte ... Er fühlte sich immer fortgehen in diesem Musik-Erleben und wieder zu sich kommen. Die Quinte war etwas, was Ein- und Ausatmen begriff ...* »

Das Quintenerlebnis beinhaltet gleichermaßen, daß sich das musikalische Erleben, rhythmisch gesehen, auf den Atemrhythmus abstützt und noch nicht auf den Blutrhythmus (Puls). Wir finden beim Kind bis zum neunten Lebensjahr noch ein rein melodisches Erleben vor, das in seiner Vielfalt rhythmisch durch den Atem gestaltet wird. Das werden wir noch an einigen Beispielen erläutern. Es ist naheliegend für eine Musik, die durch das Quintenerlebnis vornehmlich geprägt ist, auch die Skala zu verwenden, die nur aus Quinten gebildet ist, die pentatonische Skala.

Wenn wir vom «a» – der alten griechischen «Mese» – ausgehen, erhalten wir sie, indem die beiden Quintenschritte nach oben und die nach unten in den Oktavraum zusammengezogen werden.

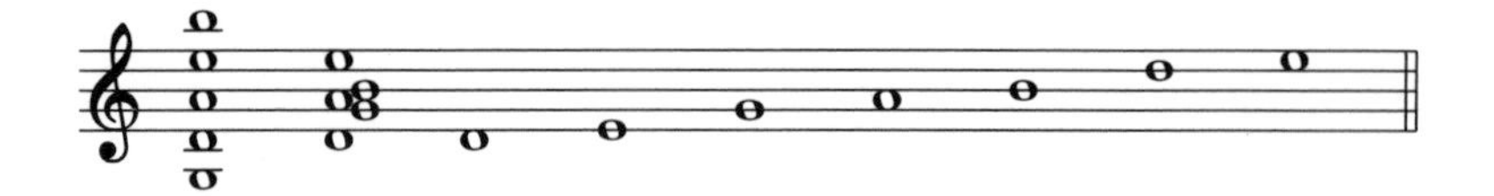

Wichtig ist hierbei, daß man von einem Mittelton ausgeht und daß die anderen Skalentöne dadurch gewonnen werden, daß man in Quinten aufwärts oder abwärts geht. Berücksichtigt man, daß jede melodische Aufwärtsbewegung im Menschen ein seelisches Aus-sich-Herausgehen und jede Abwärtsbewegung ein seelisches In-sich-Hineinkommen bewirkt, so wird deutlich, daß dieser Skala schon von ihrer Entstehung her ein Ein- und Ausatemprozeß eigen ist. Das wird man berücksichtigen, wenn man Lieder in dieser Skala schreibt. Ein Grundton existiert eben in dieser Skala ebensowenig, wie er im Lebensgefühl des Kindes existiert, das sich eher noch wie ein Grenzgänger empfindet.

Eine Mutter erzählte mir einmal folgende Begebenheit. Ihr kleiner Sohn, etwa vier Jahre alt, besaß auf einem Gutshof schon ein kleines Kinderzimmer im Parterre. Durch das Fenster schaute man auf einen im Moment nicht benutzten Garten. Eines Tages – die Gartenpforte war offen – gelangte das Bübchen in diesen Garten, stellte sich auf eine Obstkiste und schaute nun zum erstenmal «von außen» in sein Kinderzimmer. Ganz erstaunt rannte es dann zur Mutter, um ihr das eben Wahrgenommene mitzuteilen: «‹Ich› ist gar nicht drin.»

Im Schulalter wird so etwas kaum noch auftreten, aber die Fähigkeit, sich mit der Umgebung zu identifizieren, bleibt noch bis gegen das neunte Lebensjahr erhalten und bildet die Voraussetzung für eine besondere Form des Lernens in den zwei bis drei ersten Schuljahren. Das ist das, was wir mit Quintenstimmung oder Quintenempfindung bezeichnen.

Das besondere dieses Weltverhältnisses ist nun, daß alles in der Umgebung in einem inneren Mittun, einem inneren «Mitbewegen», erlebt wird. Wir werden in der Musik in einem besonderen Maße das Bewegungselement berücksichtigen. In der Bewegung lebt das objektiv Gefühlsmäßige – das Kind *fühlt* auch die Umgebung mit –, und so wird Bewegung zur Geste.

Nun ist die körperliche Bewegung ein wichtiges Lebenselement des kleinen Kindes. In ihr bildet es die sogenannten unteren Sinne: Bewegungssinn, Gleichgewichtssinn und Lebenssinn[7] aus. Das sogenannte «Stillsitzen» wird in der Vorschulzeit weitgehend vermieden, und jede Sinneswahrnehmung geht über das Gefühlserlebnis unmittelbar in Bewegung über; so entsteht Nachahmung.

Nun wird aber mit Beginn der Schulzeit die äußere Bewegung doch nach und nach zurückgedrängt. Die Kinder lernen stillsitzen. Das aber hat nur seine Berechtigung darin, daß die Bewegung, die sich bisher vor allem in den Gliedmaßen äußerte, eine Verwandlung erfährt, eine Verwandlung in der Art, daß die äußere Bewegung sozusagen nach innen gestülpt wird und als innere Bewegung zum Beispiel in Form des Gesanges aufersteht. Und Musik ist in einem bestimmten Sinne – wir werden darauf noch näher eingehen – nichts anderes als innere Bewegung, die ich im Bewegungssystem wahrnehme, ohne daß die Gliedmaßen sich äußerlich bewegen. Man kann ja beobachten, wie beim Musiker diese Bewegung immer etwas an den leicht nachgebenden Gliedmaßenorganismus anstößt.

Dieses Überführen der äußeren in die innere Bewegung ist besonders für die ersten zwei Schuljahre ein wesentliches pädagogisches Prinzip, das nicht nur in der Musik angewandt wird. Auch zum Beispiel im Rechenunterricht wird man oft mit der äußeren Bewegung beginnen, bis man sich dann innerlich im Zahlenraum bewegt.

Was bewegt sich, wenn wir die Bewegung deutlich spüren – und in der Musik sprechen wir sogar von Läufen, zum Beispiel Achtelläufen und Sprüngen, Quart-, Quint-, Oktavsprüngen usw. –, die Gliedmaßen aber in Ruhe bleiben?

Es muß das Wesensglied sein, das dem physischen Leib am verwandtesten, aber selbst nicht mehr physisch ist, der von Rudolf Steiner so bezeichnete Ätherleib[8]. Rudolf Steiner beschreibt in mehreren pädagogischen Schriften und Vorträgen, daß um das siebente Lebensjahr ein Teil dieses Ätherleibes frei wird, d. h. nicht mehr dem Aufbau des physischen Leibes dient. Dieser freie Teil des Ätherleibes ist es, der jetzt dem Kind zum Lernen, für das Gedächtnis, für die Phantasie, für künstlerisches Gestalten und auch für den Gesang in neuer Weise zur Verfügung steht.

Es kommt hier nicht auf die Begriffe an, sondern auf die pädagogische Praxis. Da der Ätherleib keine Schwere besitzt, werden für den Gesang besonders die Bewegungen wichtig, die sich gegen die

Schwere absetzen, zum Beispiel die Bewegung des fliegenden Vogels, des springenden Tieres, des Windes usw.

Wenn man beispielsweise die Flügelbewegungen eines Vogels von den Kindern in einer adäquaten Weise mit den Armen nachahmen läßt, die Bewegungen dann verkleinert, verdichtet und sie schließlich äußerlich zur Ruhe kommen und innerlich im Gesang auferstehen läßt, wird man viel dazu tun können, daß die sogenannten «Brummer» mehr und mehr verschwinden. Das zu tiefe Singen oder Brummen hat oft seinen Ursprung darin, daß die inneren Bewegungen noch zu sehr der Schwere unterliegen. Wenn auch nicht der alleinige, so ist es doch der häufigste Grund. Jeder, der etwas Gesang studiert hat, merkt auch sofort, daß eine auf diese Art errungene innere Bewegung zu einem richtigen Stimmansatz verhilft.

Das, was später in Form von bewußter «Technik» an den Schüler oder Studenten herangebracht wird, erscheint hier als ein reales Bild, auf das das Kind noch unmittelbarer und schneller reagiert als auf die späteren Anweisungen. Wichtig ist, daß der Lehrer auch bei Korrekturen immer im Bild bleibt. Er wird nicht sagen: Ihr singt zu schwer und zu tief, sondern vielleicht: Hier hat mancher Vogel nasse Flügel, spreizt und trocknet mal eure Federn, und holt dann mit den Schwingen weit aus.

Man unterschätze nicht die Wirkung solcher Bilder, mache sich aber auch klar, daß sie in ihrer inneren Dynamik real und wahr sein müssen. Das Kind hat ein feines Gefühl dafür.

An dieser Stelle soll nun der Begriff der Bewegung in bezug auf die Musik menschenkundlich noch etwas umfassender betrachtet werden:

Wir finden, wenn wir das Ohrinnere einmal ins Auge fassen als Verbindung zwischen dem Trommelfell und der Schnecke (Cochlea), die heute fast jedem bekannten drei kleinen Knöchelchen: Hammer, Amboß und Steigbügel. Sie sind mit Gelenken verbunden und bilden so ein kleines Gliedmaßensystem, das sich von unserem normalen Gliedmaßensystem schon durch die Größe unterscheidet, aber auch dadurch, daß dieses Gliedmaßensystem im Ohr nicht der Schwerkraft angepaßt ist.[9] Der Hörvorgang ist also zugleich ein reiner, von der Schwerkraft unabhängiger Bewegungsvorgang. Allerdings wird diese Bewegung von außen angeregt. Während zum Beispiel das Auge durch sein vielfältiges Muskelspiel auf einen Sinnesreiz aktiv antwortet, fehlt diese aktive Seite im Ohr. Es fehlt jegliche Muskulatur, die dazu imstande wäre. Und doch können wir diese an anderer Stelle, aber doch zum Ohr gehörig, finden, nämlich am Kehlkopf. Im Kehlkopf haben wir sozusagen die aktive Seite des Ohres.

Wir können das ja recht gut beobachten. Hören wir etwa einem schlecht disponierten Sänger oder Redner zu, so spüren wir das selbst am Kehlkopf. In feiner Weise formt der Kehlkopf das gehörte Wort oder die gehörte Musik mit. Und diese Bewegungen des Kehlkopfes sind selbst wiederum die Verdichtung unseres durch die Musik angesprochenen inneren Bewegungsmenschen.

Die Fähigkeit des aktiven Hörens, die für die Kommunikation von Mensch zu Mensch außerordentlich wichtig ist, ist allerdings nicht selbstverständlich. Sie kann veröden, wenn sie nicht gepflegt wird.

Und deshalb ist es wichtig, sie schon mit den Kindern in der ersten und zweiten Klasse zu üben. Das geschieht durch die ja auch in der Menschheitsgeschichte früher so ausgiebig gepflegte Praxis des Wechselgesanges. Dafür gibt es noch wenig Lieder – eine Herausforderung an den Musiklehrer. Manche gängigen Lieder kann man aber auch zeilenweise im alternierenden Gesang singen. Auch der strophenweise Wechsel ist angebracht. Wichtig ist der Moment des Wechsels. Man achte darauf, daß er fließend geschieht, so daß die Aktivität schon vorher im Hören angeregt wird und dann ins Singen übergeht.

In dieses wechselseitige Musizieren können nun auch die Instrumente einbezogen werden. Man muß nur darauf achten, daß auch sie «sprechen», etwas aussagen. Von einer zweiten Klasse wurde ich einst in dieser Beziehung belehrt. Wir hatten gerade ein Lied, das wir vorher gesungen hatten, sehr schön auf der Flöte gespielt, und nach einem kurzen Lob wollte ich die Flöten einpacken lassen, als mir von mehreren Seiten her die Frage entgegenkam: «... und die anderen Strophen?» – Ich, als Erwachsener, hatte schon wieder Melodie «emanzipiert». Dabei ist es musikalisch so reizvoll, jede Strophe nach ihrem Inhalt etwas anders zu gestalten und dabei stets auf dem Instrument die Einheit von Text und Melodie zu bewahren.

Wenn ich aber das Instrument zusätzlich zur Melodie verwende, so hat es dort, wo es erklingt, immer eine besondere Aussage. Schildere ich zum Beispiel, wie am Ende eines Vögelliedes die Nacht wie eine große Wolke sich auf die Erde herniedersenkt und der Vogel einschläft, so kann ein großes, leicht angeschlagenes Becken diese Wolke in Form des entstehenden Klangvolumens hörbar werden lassen. Wird das Becken zu hart angeschlagen, kann der Vogel nicht einschlafen, ist der Schlag zu schwach, entsteht nicht die «Klangwolke». Es macht den Kindern Freude, das Bild möglichst genau im Klang entstehen zu lassen, und sie sind kleine Meister und gute Zuhörer darin.

Nähere ich mich einem Wald, in dem die Geschichte, die ein Lied beschreibt, sich ereignet, so werde ich die Vogelstimmen erst von weitem, dann näher und immer näher wahrnehmen. Ein kleines Vogelmotiv – entweder dem Lied entnommen oder ein Vogelruf eines bestimmten Vogels, den ich mit Lauten unterlegen kann – wird von sieben Kindern nacheinander auf der Flöte gespielt. Eines steht am Ende des Flures weit weg von der Klassentür, ein zweites in der Mitte, ein drittes vor der Tür, und die vier anderen verteilen sich um die Sitzbänke in der Klasse. Wir hören das Motiv von ferne, es kommt immer näher, umgibt uns und dann beginnt unser Lied.

Ein beliebtes Spiel, wenn am Ende der zweiten oder Anfang der dritten Klasse schon mal kleine Motive sich vom Text emanzipieren, ist das Echospiel. Zwei Kinder gehen auf den Flur und stellen sich mit ihren Flöten in einem bestimmten Abstand auf. Sie wissen, mit welchem Fingergriff das Motiv beginnt. Die Klasse spielt nach der Anweisung des Lehrers ein melodisches Motiv, und vom Flur durch die geschlossene Tür tönt zweimal das Echo. Besonders lustig wird es, wenn das «Echo» falsch antwortet. Die Kinder leben sich so in die reale Situation eines Echos ein, daß eine abweichende Antwort grotesk wirkt.

Eine große Rolle in den ersten Klassen spielen Kinderharfen, Kantelen, Leiern und Flöten.[10] Bei allen Instrumenten wird der Lehrer darauf achten, daß sie instrumentgemäß gespielt werden in der richtigen Haltung, mit der richtigen Art der Tonerzeugung, wozu der Lehrer die entsprechenden Bilder findet; dann ist das, wenn auch nicht einfach, auch mit vierzig Kindern möglich.

Wenn man zum Beispiel die Blockflöte spielt – die pentatonische Choroiflöte hat sich bewährt, man kann aber auch andere pentatonische Flöten oder gleich die c-Blockflöte benutzen –, so wird man darauf aufmerksam machen, daß das ein Zauberinstrument ist: Man bläst Luft hinein, und heraus kommt ein Ton. Das ist doch erstaunlich. Blase ich aber zuviel Luft hinein, so kann die Flöte nicht alles verzaubern, und man hört noch Luft neben dem Ton. Bläst man zu wenig hinein, so hat die Flöte nicht genug Luft zum Verzaubern, der Ton erreicht nicht seinen vollen Klang. Auf diese Weise wird man erreichen, daß immer wieder, geleitet durch das Ohr, ein schöner, einheitlicher Flötenklang in der Klasse entsteht.

Bei Leier und Kantele wird man darauf achten, daß der Finger die Saite richtig entläßt, so daß sie ihren Ton freigibt. Auch hierzu wird man Bilder finden.

Sorgfältig baue man das Intrumentalspiel bei den Melodieinstrumenten auf. Auf der Flöte werden erst einmal Zwei-Ton-Lieder, die der Lehrer selbst erfindet, geübt. Dann geht es weiter zu Drei-Ton-, Vier-Ton-Liedern usw. Am Ende der ersten Klasse kann man dann kleine Übungen machen, in denen die Kinder zeigen können, daß die Finger alle Lagen beherrschen, so z. B.:

Was die Leier, Kinderharfe und Kantele anbetrifft, sei auf die Beiträge von Gerhard Beilharz, Reinhild Braß und Thomas Pedroli in *Erziehen und Heilen durch Musik* verwiesen. Hier findet man auch einige Darstellungen der «Bewegungsspiele», die an der Widar-Schule in Bochum-Wattenscheid in besonderer Weise gepflegt werden und die aus den Gegebenheiten der Zeit heraus noch stärker, als das hier geschildert wurde, das Bewegungselement in den Gliedmaßen aufgreifen, um es dann nach innen zu führen.

Wir haben bereits am Anfang dieses Kapitels darauf hingewiesen, daß mit der Quinte rhythmisch der Atem verbunden ist. Der Atem ist schlechthin der Rhythmus der Melodie, und solange die Musik einstimmig war, stützte sie sich auf den Atemrhythmus. Bis in die polyphone Mehrstimmigkeit der Renaissance wirkt noch dieses rhythmische Element. Die einzelnen Stimmen haben Atemzäsuren, und zur Verdichtung, zur Steigerung benutzt zum Beispiel Josquin des Prés in der Motette *In pace* das Mittel der Verkürzung der Atembögen, ein häufig vorkommendes Stilmittel:

Betrachten wir das kleine pentatonische Lied *Was ist dies, was ist das?*[11], so haben wir auch hier kurze Atembögen,

die ganz mit der Bewegungsgeste der Meise verbunden sind. Die Variationsbreite des Atems kann nahezu jeder Bewegungsgeste gerecht werden.

Was aber ist mit dem Takt? Ist es nicht so, daß die Kinder es lieben, im Takt sich zu bewegen? Bewegen sich nicht viele Kinderverse im Takt? Nun, gerade bei den Kinderversen finden wir viele mit Taktwechsel und solche, die in den Takt hinein- und wieder herausführen. Gerade diese Beweglichkeit ist charakteristisch für das Kind: die Freude am «Zu-sich-Kommen» und am «Aus-sich-heraus-Gehen». Würden wir nur im Takt mit den Kindern musizieren, würden wir ihre besondere Wahrnehmungsfähigkeit für die Welt, die wir anfangs beschrieben haben, frühzeitig abdämpfen. Das wirkt sich dann in der elften und zwölften Klasse aus, wenn der junge Mensch aus eigenem Antrieb wieder ein umfassendes, lebendiges Denken sucht.

Der Takt kann aber noch in anderer Form auftreten. In dem Zwergenlied nach einem Text von Hedwig Distel *Tippe, tappe* haben wir es, von außen betrachtet, mit einem ganz normalen 4/4-Takt zu tun:[12]

Dieser Takt ist hierin aber nicht Spiegel meines eigenen Befindens, sondern er lebt im Gang der Zwerge: Ich bin also ganz in dem Geschehen, das sich da draußen zwischen Steinen und Büschen und auf der Wiese abspielt: Die Zeile «habt ihr's schon vernommen?» fällt als Frage an die Umstehenden etwas heraus aus diesem Gleichmaß. Am Schluß dieses Liedes liegt die ganze, den langsam verschwindenden Zwergen gewidmete Aufmerksamkeit in den Pausen:

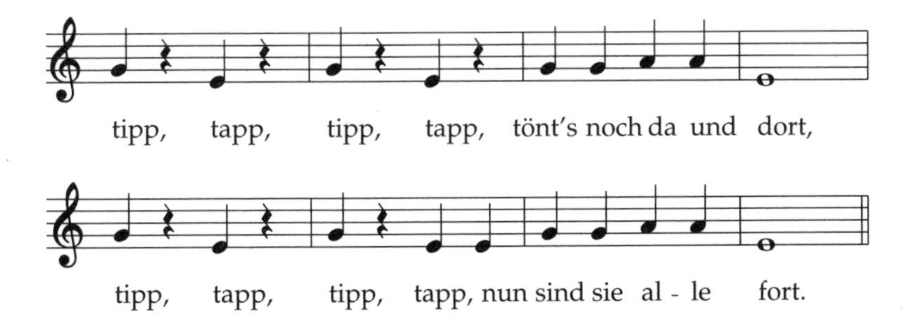

und erlischt erst einige Zeit nach dem letzten Ton. Auch hier komme ich zur musikalischen Gestaltung, indem ich im Bild bleibe.

Schauen wir uns weitere Beispiele an. Hier eines von Peter Michael Riehm:[13]

Man wird, wenn man dieses Lied für die Kinder vorbereitet, versuchen, sich einzuleben in die durch den Wind hervorgerufenen, vielgestaltigen Bewegungen der Zweige eines Baumes. Bei diesem Lied ist es besonders wichtig, schon vor Beginn des Singens in der Bewegung zu sein und während des Singens sich immer wieder von den mannigfaltigen Bewegungen «hin und wieder» und «auf und nieder» tragen zu lassen.

Bei dem Pferdchenlied aus *Was ist dies, was ist das?* liegen den rhythmischen Bewegungen ganz einfach die Gangarten der Pferde zugrunde. Am Schluß ist man allerdings nicht nur im Galopp, sondern auch im Sprung:

Und wie beim Reiten, so ist es auch beim Singen: Es kommt auf den Absprung an; läßt man sich federnd in den tiefen Ton fallen, so kommt die Oktave fast von selbst.

Mit diesem Lied sollte man möglichst einen Unterricht nicht abschließen. Die Bewegung rumort noch in den Gliedern und könnte dem nachfolgenden Lehrer zu schaffen machen. Am Ende einer Stunde sollte immer etwas stehen, was Ausgleich schafft, Ausgleich zwischen zu starker und zu geringer Bewegung, Ausgleich aber auch zwischen Vorstellen, Denken und Willensbetätigung auf der anderen Seite. Etwas Betrachtendes, Besinnliches kann den Unterrichtsabschluß bilden, wo im wachen Träumen alles eingefangen wird, was zum Extremen neigte. In dem menschenkundlichen Kapitel werden wir noch näher darauf eingehen.

In der dritten Klasse werden nun schon melodische Motive ohne Text erscheinen, und es können kleine, kantatenähnliche Gebilde im Kleinstformat entstehen wie etwa die Mäusekantate in *Tippe, tappe* vom Verfasser. Hier erscheint immer wieder das Mäusemotiv:

etwas vom Mäusecharakter nachzeichnend, oder der Mäusetanz,

in dessen Turbulenz die «alte Katze» eingreift. Manchmal überlagern sich die Stimmen, und es entstehen kurze mehrstimmige Partien, die aber noch ganz vom Melodischen her empfunden werden.

Noch etwas anderes tritt aber jetzt in der dritten Klasse auf, das eine Art Übergang von der Quintenstimmung zu der (um das neunte Lebensjahr herum) beginnenden und noch zu beschreibenden Terzenstimmung bildet. Bevor wir jedoch darauf eingehen, wollen wir noch einen Blick auf die Intervalle werfen.

2.
Das Erleben der Intervalle

Im bewußten Erleben der Intervalle finden wir einen Schlüssel, der uns nicht nur zum Verständnis von Musikwerken verhilft, sondern auch Aufschluß gibt über Wendepunkte in der Menschheitsentwicklung oder der Entwicklung des Kindes. Dieses auf den ersten Blick so harmlos erscheinende Ereignis der Aufeinanderfolge von zwei Tönen eröffnet weit größere Dimensionen, als man zuerst vermutet. Beim Intervall handelt es sich, wie der Name schon sagt, um ein Ereignis, das sich *zwischen* zwei Tönen abspielt. Auf diese Besonderheit, daß wir uns beim Intervallerlebnis im Bereich des «Unhörbaren» zwischen zwei erklingenden Tönen befinden, haben vor allem Anfang dieses Jahrhunderts Joseph Matthias Hauer[14] und Rudolf Steiner[15] hingewiesen. Beim Studium der Intervalle kommt es demnach darauf an, sich auf diesen Erlebnisbereich zwischen zwei Tonereignissen zu konzentrieren. Erlebt wird dieser Bereich im Unhörbaren als innere, gefühlsgetränkte Bewegung objektiven Charakters und kann daher als *Geste* bezeichnet werden. Dazu Joseph Matthias Hauer[16]:

« ... Und das Wesentliche des Intervalls liegt eben darin, daß ein unbekanntes Etwas, das in der komponierten Melodie sinnfällig, aber damit noch lange nicht ‹bekannter› und ‹begreiflicher› wird, sich von einem Ton zum andern, zum Beispiel eben vom C zum D oder vom F zum C hinbewegt, nicht aber, daß zwei einzelne Töne, als für sich gegebene Schallerlebnisse ohne jenen inneren, eben nicht weiter zu definierenden Zusammenhang, nacheinander oder zu gleicher Zeit erklingen. Kurz gesagt: Das Wesen des Intervalls ist Bewegung. Das Intervall ist eine Gebärde.»

Ähnlich Rudolf Steiner in *Eurythmie als sichtbarer Gesang:*

« ... Wir müssen natürlich die Töne haben, aber die Musik liegt zwischen den Tönen. Dasjenige, worauf es ankommt, ist nicht das C und nicht das E, sondern dasjenige, was zwischen beiden liegt ...»

und weiter hinten:

«Was ist das Musikalische? Dasjenige, was man nicht hört...
... Die Musik wird nämlich um so beseelter, je mehr Sie das Nichthörbare in ihr zur Geltung bringen können, je mehr Sie das Hörbare nur benutzen, um das Unhörbare zur Geltung zu bringen ...»

Im folgenden sollen in kurzer, skizzenhafter Form die Gesten der Intervalle unter Zuhilfenahme von Beispielen beschrieben werden.

Die Prim

Man könnte meinen, es bedürfe keiner besonderen Bewegung oder Geste, um von einem Ton zu noch einmal dem gleichen Ton zu kommen, doch ein einfaches Beispiel kann uns zeigen, daß diese Geste nicht so belanglos ist. Jeder Chorleiter oder Chorsänger weiß, daß bei gleichen wiederholten Tönen in einem a-capella-Chorwerk die Gefahr des Sinkens sehr groß ist. Der gleiche Ton muß vom Sänger immer wieder neu gebildet werden, um auf derselben Tonhöhe zu bleiben. Dasselbe gilt für einen langen Ton. Auch er hat in diesem Sinne Primcharakter. Betrachten wir die Entstehung eines langen Tones auf der Geige. In Zeitlupe gesehen sieht das so aus: Der mit Harz bestrichene Bogen haftet beim Bogenstrich an der Saite und nimmt sie ein Stück mit, bis die Spannung der Saite zu groß wird; die Saite springt zurück und wird wieder vom Bogen ergriffen. Wir erhalten so eine Primfolge von immer neu gebildeten Tönen. Auf der leeren a-Saite wiederholt sich dieser Vorgang etwa 440mal in der Sekunde.

Wir können aus diesen und vielen anderen Beobachtungen zu einem Gesetz kommen, welches besagt: Nichts in der Musik ist bleibend, das nicht immer von neuem wieder geschaffen wird.

Wir werden der Prim öfter am Beginn eines Musikstücks begegnen, wie beispielsweise im 2. Satz der *C-Dur-Sonate K.V. 330* von W. A. Mozart:

oder beim Beginn der Singstimme in Schumanns *Mondnacht:*

Hier drängt die Prim zu einer Entwicklung, die oft über die Sekunde weiter führt.

Auf der anderen Seite können wir der Prim am Schluß eines Musikwerkes begegnen, wie zum Beispiel in Strawinskys *pater noster:*

Hier schließt sie das Vorangegangene zusammen, führt die Bewegung wieder zur Ruhe.

Wir können die Prim mit einem Keim, einem Samenkorn vergleichen, das ebenso Ende wie Anfang ist.

Es kann aber auch sein, daß Ende und Anfang verschmelzen; dann erleben wir so etwas wie Ewigkeitscharakter. In dieser Eigenschaft tritt uns die Prim, zum Beispiel in Schuberts *Der Tod und das Mädchen*, entgegen:

oder auch im «Wegweiser» der *Winterreise* von Franz Schubert:

An das hier Gesagte schließen sich natürlich viele Fragen an, z. B.: Was bedeutet es, wenn Haydn im 2. Satz der *Sinfonie mit dem Paukenschlag* jeden Ton der Melodie im Anfangsmotiv wiederholt? Wie ändert sich der Charakter, wenn dies nicht der Fall wäre? In der Werkbetrachtung auf der Oberstufe können in dieser Art viele Fragen auftauchen, die unbestimmte Erlebnisse ins Bewußtsein heraufheben, ohne daß dadurch die Freude am Hören gedämpft wird.

Man wird auf der anderen Seite, wenn man Schüler darauf aufmerksam macht, daß der wiederholte gleiche Ton immer wieder neu gebildet werden muß, nicht nur eine bessere Singkultur erreichen, sondern auch Keime für spätere Fragen legen.

Man wird, wenn man das Thema der Prim weiterverfolgt, noch viele Variationen des hier Gesagten und vielleicht noch andere Aspekte finden. Das würde jedoch den Rahmen dieser musikpädagogischen Schrift sprengen.

Die Sekund

Die Sekund können wir als das eigentliche Bewegungsintervall in der Musik erleben. Bis in die Zeit der Renaissance hinein herrschte in der Melodie das Prinzip von Spannung und Bewegung vor: Die Spannung eines größeren Intervalles wird durch die Bewegung der Sekunde in entgegengesetzter Richtung wieder ausgeglichen,

wobei das Prinzip sich im Kleinen wiederholt. Die Bewegung einer Melodie nehmen wir nicht zuletzt auch deshalb wahr, weil wir «Sekundbrücken» hören.

Während die Bewegung der Sekunde in der Zeit der Gregorianik noch eine verhältnismäßig freie war, die meist durch die Schlußwendung

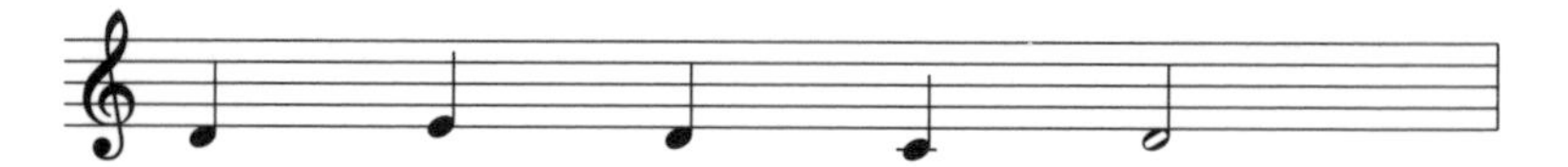

zur Ruhe geführt wurde, ist sie in der Barockzeit nur noch Bindeglied zwischen zwei Harmonien oder führt als Vorhalt zur erstrebten Harmonie.

Dennoch wird man viel zur Belebung von Melodien tun können, wenn man den Eigencharakter der Sekund stärker berücksichtigt. In dem Lied *Es geht eine helle Flöte*

wird man durch das Aufgreifen der Melodieumkehrpunkte (↓) stärker die Bewegung des Auftriebs spüren, als wenn man die Taktzeiten betont.

Manchmal wird die Bewegung zurückgehalten, indem eine Sekunde mehrmals wiederholt wird:

Man tut dann gut daran, die Kinder das erleben zu lassen, indem man immer nur bis dahin singt und sie dann den Fortgang selbst finden läßt und darin die Freude über den ersten Schnee. Bei der kleinen Sekunde kann man eine hemmende Kraft bemerken, die sich der Bewegung entgegenstellt. Dadurch wirkt dieses Intervall oft gliedernd.

Man wird mancher takt- und harmoniegebundenen Melodie dadurch, daß man stärker die Sekundbewegung aufgreift, wieder mehr Dynamik verleihen können. Wir werden später noch Beispiele dafür bringen.

Heute erlebt die Sekund wieder eine Emanzipation. Auf das, was mit dem neuen Sekunderleben zusammenhängt, werden wir zurückkommen, wenn wir über den Unterricht in der elften und zwölften Klasse sprechen.

Den Terzklang empfinden auch heute noch viele Menschen als einen angenehmen, wohltuenden Klang. Versuchen wir auch hier, die Geste des Terzintervalles (und zwar zuerst die der großen Terz) nachzuempfinden, so werden wir bemerken, daß wir durch sie stärker in unserem persönlichen Empfinden berührt werden. Das wird besonders deutlich, wenn man sie zum Beispiel der Quint gegenüberstellt. Eine Musik, in der das Terzintervall in seiner Wirkung überwiegt, führt stärker zum Erlebnis des eigenen Seelenlebens.

Das mag Augustinus gefühlt haben, von dem Rudolf Steiner sagt, daß er wohl noch den «heiligen Wind der Quart» verspürt habe,[17] wenn er in seinen *Bekenntnissen* folgendes ausspricht:

«Die Gelüste der Ohren hatten mich ziemlich fest umstrickt und unter ihre Herrschaft gebracht; doch DU, mein Gott, hast mich daraus erlöst und mich befreit. Auch heute noch, ich gestehe es, gebe ich mich mit Wohlgefallen den Tönen hin, die DEINE Worte einkleiden und beseelen, wenn sie nur mit geschmeidiger und kunstvoller Stimme gesungen werden. Doch verliere ich mich nicht an sie, sondern erhebe mich darüber, wann ich nur will.

... Dann und wann scheint mir, daß ich ihnen mehr Ehre erweise, als ihnen zusteht: denn ich spüre, daß durch die heiligen Worte unsere Herzen inniger und feuriger in der Flamme der Andacht erglühen, wenn sie so gesungen werden, als wenn sie nicht so gesungen werden, und daß alle Gemütsbewegungen unseres Inneren nach ihrer Verschiedenheit die entsprechenden Eigenarten in Gesang und Musik haben, durch welche sie gemäß einer mir unbekannten Verwandtschaft angeregt werden. Aber das sinnliche Lustgefühl, dem man den Geist, soll er nicht verweichlicht werden, nicht aussetzen darf, täuscht mich oft: denn das Gefühl begleitet die Vernunft nicht so, daß es geduldig nachfolgt, sondern versucht, sich vorzudrängen und zu führen, obwohl es der Vernunft wegen überhaupt nur zugelassen zu werden verdient hat ...»

(Zitiert aus Honolka *Weltgeschichte der Musik*)

Es klingt, als ob jemand der Musik gegenüber zwei Stimmungen empfindet, die unvereinbar scheinen. Spürt Augustinus nicht schon, wie die Terz das musikalische Empfinden der Menschen so beeinflussen wird, daß sie die Musik als einen persönlichen Genuß empfinden werden? Augustinus spricht sogar von Sinnlichkeit. Wir können zumindest ahnen, daß in dem Moment, wo das Verhältnis von Mensch und Welt sich ändert, auch ein anderes Intervall stärker seinen Einfluß geltend macht. Nun dauert es noch lange Zeit, bis die vielen Veränderungen auf dem Gebiete der Musik, die mit der Terz einhergehen, eintreten: Der Grundton gewinnt mehr und mehr an Bedeutung, die Mehrstimmigkeit in ihren verschiedenen Phasen tritt auf. Das «tempus imperfektum» löst das «tempus perfektum»[18] ab. Es bildet sich die Harmonie und gewinnt sogar in der Barockzeit eine gewisse Vorherrschaft innerhalb der Musik. Das geht aus dem folgenden Zitat des französischen Musikers Carl Philippe Rameau hervor:

«Allein die Harmonie kann Emotionen erzeugen. Sie ist die einzige Quelle, aus der die Melodie unmittelbar hervorgeht und ihre Kräfte erhält. Gegensätze zwischen hoch und tief etc. bilden in einer Melodie nur oberflächliche Veränderungen; sie fügen ihr beinahe nichts hinzu.» (wiedergegeben in Honolka *Weltgeschichte der Musik*)

Zu gleicher Zeit entwickeln sich Naturwissenschaft und Technik. Das wird dadurch möglich, daß der Mensch sich selbst als ein der Natur Gegenüberstehender empfindet. Und so wie in der Naturwissenschaft alles in ein geordnetes System gebracht wird, entsteht auch in der Musik das geordnete System der funktionalen Harmonielehre.

Im Zuge des Vorherrschens der Terz wird nun auch der Ton C der Ausgangspunkt für das Dur-Moll-System.

Fühlte sich der Mensch früher in der Musik noch unmittelbar mit der Gottheit verbunden, so erlebt er jetzt in ihr seine eigene Seele. Allerdings birgt gerade in dieser Hinsicht die Terz ein Geheimnis.

Wir begegnen einem reinen akkordlichen C-Dur sehr früh in der *Missa pange lingua* von Josquin des Prés bei den Worten «Et incarnatus est».[19]

Et in - car - na - tus est

Wir können beim Hören dieser Stelle den Aufruf vernehmen: Entdecke das Göttliche *in dir,* denn Er ist Fleisch geworden!

Besonders in der russischen Kirchenmusik lebt dieser Charakter der Terz noch heute sehr stark. So verbindet sich mit der Terz, indem sie uns auf unser Inneres verweist, zugleich ein christliches Element. Auf der anderen Seite kann natürlich die von der Terz geprägte Musik auch sehr selbstbezogen wirken.

Wir werden auf die verschiedenen Wirkungen der großen und kleinen Terz besonders in dem Kapitel über die Wirkungen des Dur und Moll noch näher eingehen.

Die Quart

Der Quart begegnen wir sehr häufig in der Volksmusik bei auftaktigen Liedanfängen. Allerdings tritt hier die Geste der Quart hinter dem harmonischen Ereignis der Tonikabetonung stark zurück. Charakteristischer erscheint die Quart noch häufig in den alten ungarischen Volksweisen, wo sie auch oft als fallende Quart vorkommt. Wir können, wenn wir der Geste der Quart nachspüren, einen gewissen Widerstand fühlen, der uns wie an einer Grenze aufhält. Dabei weicht das Gefühlvolle der Terz einer gewissen Strenge und Objektivität.

Angeregt durch die oben erwähnte Aussage von Rudolf Steiner, können wir bei Ambrosius in dem Hymnus *Aeterna Christi munera* zum Beispiel folgendes entdecken:

Als heutiger Mensch, auch als heutiger Musiker ist man zuerst einmal von der Schlußwendung irritiert. Nachdem man sich auf einen Grundton E eingestellt hat, überrascht die Wendung zum Schluß-D. Bei mehrmaligem Hören fällt das G als ein zentraler Ton auf. Betrachtet man ihn als solchen, so bewegt sich die ganze Melodie in einem doppelten Quartgerüst G-C-aufwärts und G-D-abwärts. Man wird ähnliche Quartgerüste öfter bei Ambrosius finden.

Nun kommt es nicht so sehr auf das Formale an, sondern auf die Stimmung, die in einem solchen Hymnus lebt.

Dort, wo die Quart vorherrscht, werden wir jener gewissen Strenge und Objektivität begegnen, und zugleich diese Grenze spüren, an der wir gehalten werden. Bei der Beschreibung der Situation in der dritten Klasse werden wir auf diesen Charakter der Quart noch näher eingehen.

Die Quint

Wir haben durch die Beschreibung des Musikunterrichts in den ersten zwei Klassen nun schon viel über dieses Intervall erfahren und können es da auch besonders gut studieren. Es ist eine Art Urintervall. Hermann Pfrogner beschreibt in seinem Buch *Lebendige Tonwelt*, wie eigentlich fast alle alten Tonsysteme – mit wenigen

Ausnahmen – aus einem mittleren Ton und dem darüber und darunter liegenden Quintton gebildet wurden, und sogar in der Zeit der Funktionsharmonik haben wir dieses Quintgerüst noch in den Grundtönen der Kadenz.

Daß die Quint als Grenzintervall erlebt wurde, tritt uns in der einstimmigen Musik bis in die Zeit der Minnesänger besonders in dorischen Melodien entgegen. Als Beispiel hier das *Palästinalied* von Walther von der Vogelweide:

Deutlich setzt sich der untere Tonraum des ersten Teiles, der im Quintraum bleibt, ab gegen den des zweiten Teiles, der auf dem Quintton ansetzt, zur Septim und schließlich wieder in den unteren Tonraum zurückführt. Die beiden Gesten des «In-sich-Gekehrtseins» und des «Aufschauens» prägen die Melodie und lassen uns in die geschilderte Situation eintauchen. Durch solche Intervall-Betrachtungen, die wir vorerst in dieser bewußten Weise nur für uns anstellen, kann es uns gelingen, die Schülerinnen und Schüler in die dem Liede innewohnende Stimmung einzuführen.

Es gibt Lieder, in denen die Quinte mehr einhüllend wirkt, wie zum Beispiel die folgende finnische Kalewala-Melodie:

und solche, in denen die Quint sich schon stärker öffnet, wie in dem alten Volkslied *Der Sommer, ach Gott, was fang ich an:*

So tritt uns die Quinte überall als Grenze entgegen, in der ein Innen und ein Außen sich begegnen. Manchmal wurde in früheren Zeiten diese Grenzsituation auch sichtbar dargestellt.

Hermann Pfrogner beschreibt in dem schon erwähnten Buch *Lebendige Tonwelt* die sogenannten «Engelemporen», in denen den Engeln die Möglichkeit gegeben werden sollte, der Zelebrierung des Meßopfers beizuwohnen. Die Zahl der Bogenöffnungen der zweigeschossigen Emporen steht im Quintverhältnis 2:3.

Auch im Organalgesang (Gesang in parallelen Quinten) wird, wie Pfrogner unter Hinzuziehung alter Quellen beschreibt, die Mitwirkung der Engel oder Apostel und Heiligen ersehnt.

Während nun, wie schon beschrieben, das Terzempfinden mehr und mehr in der musikalischen Entwicklung der Menschheit dominierte, bahnt sich gegen Ende des letzten Jahrhunderts und Anfang dieses Jahrhunderts langsam ein neues Quintenbewußtsein an.

Richard Wagner zum Beispiel war von dem Stimmen einer Geige oder eines Cellos ebenso fasziniert wie von dem Anfang der neunten Sinfonie von Beethoven, und bei Orff und Distler tritt wieder alter Organum-Stil, natürlich nun erweitert, in Erscheinung. Kommt es daher, weil die Menschen unserer Zeit mehr und mehr bewußt die Grenze zwischen irdischer und geistiger Welt wahrnehmen?

Die Sext als komplementäres Intervall zur Terz führt uns wie sie wiederum in den Bereich der Empfindung. Nur tragen wir diese beim Übergang von der Quinte zur großen Sext nun nach außen. Wir verbinden uns in der Sext seelisch mit etwas, was außerhalb von uns liegt. So charakterisiert Mozart in seiner *Zauberflöte* den Prinzen Tamino mit der großen Sext,[20]

während Papagenos Melodien den Terzraum bevorzugen:

Treten wir allerdings von der Quinte in die *kleine* Sext, so werden wir zurückgehalten, wir spüren die hemmende Kraft des Halbtonschrittes und werden wieder auf den seelischen Innenraum verwiesen wie in dem bekannten Lied *Ach bittrer Winter*.

Setzen wir hier als Bild für den Innenraum das Haus und für den Außenraum die winterliche, kalte Natur, so spricht die Geste der kleinen Sext eine eindeutige bildliche Sprache.

Über die Beziehung der Sext zur Quint und zur Terz, d. h. über das bekannte Motiv (bezogen auf den Grundton c):

werden wir im Kapitel über Improvisationsübungen in der fünften Klasse noch einiges zu sagen haben.

Die Septim

Alle Intervalle haben in diesem Jahrhundert im Erleben der Menschen eine Verwandlung erfahren. Indem sie uns frei von funktionalen Bindungen entgegentreten, offenbaren sie stärker ihren Eigencharakter, der sich bisher noch dem harmonischen System unterordnen mußte. Besonders auffällig aber ist diese Verwandlung bei der Sekund und der Septim. Von der Renaissance bis in die Spätromantik tritt uns die Septim, sowohl die große wie die kleine, nie als eigenständiges Intervall, sondern nur als vorbereitende Spannung für einen Ton des Dreiklangs entgegen. Sie dient der Dreiklangsharmonie und wird so als Dissonanz empfunden, die zur Auflösung drängt.

Ganz anders ist die Wirkung der Septim, wenn sie uns ohne den Auflösungszwang als eigenständiges Intervall entgegentritt, so wie wir es verschiedentlich in der Musik unseres Jahrhunderts erleben. Jetzt nimmt sie uns seelisch mit in die Weiten des Raumes. Wir fühlen uns herausgerissen aus dem Eigensein und ausgegossen in den Umkreis. So wird zum Beispiel die Septime verwandt, um das Sphärische zu beschreiben. Wir werden im Kapitel über die Oberstufe noch darauf kommen, wie wir uns in diese Eigenschaft des Septimenintervalles, die neue Erlebnisqualitäten herausfordert, einleben können.

Erleben wir uns in der Sekund in der inneren, so in der Septim in der nach außen verströmenden Bewegung.

Die Oktav

Dieses Intervall, das uns als Wiederholung des Gleichen nach sieben Tonstufen so vertraut ist, birgt ebenso wie die Prim doch mehr Geheimnisse, als man ahnt. Seltsam ist schon ihr erstes Auftreten in den Skalen; sozusagen weltweit erscheint sie im 7. Jahrhundert in der von Jaspers so bezeichneten «Achsenzeit». Sie tritt uns in natürlicher Weise überall dort entgegen, wo Frauen- und Männerstimmen «einstimmig» singen. Es wird daher wichtig sein, auf das Erlebnis der Oktave dann aufmerksam zu machen, wenn wir es in der achten Klasse etwa zum ersten Mal mit Frauen- und Männerstimmen zu tun haben. Wir kommen darauf noch zurück.

In der Literatur erscheint die Oktave oft dort, wo ein Vorgang sich auf höherer Ebene spiegelt. Christoph Peter zeigt das in seinem Buch *Die Sprache der Musik in Mozarts Zauberflöte* an mehreren Beispielen aus diesem Werk.[21] Erleben wir die Oktave in diesen Beispielen noch als Bild, so weist uns Rudolf Steiner im *Tonerlebnis im Menschen* auf ein künftiges unmittelbares Erleben der Oktave hin, in welchem die Menschen die Oktav wie einen Gottesbeweis erleben werden. Mag das auch noch sehr zukünftig klingen, so wird man doch beim Unterrichten auf Anzeichen stoßen, die auf eine solche Erlebnismöglichkeit hinweisen. Wir werden in dem Kapitel über die siebente und achte Klasse noch darüber sprechen.

Der Weg zu solch einem neuen Oktaverlebnis wird meines Erachtens meistens über das intensive neue Erleben der Sekund und der Septime führen.

An dieser Stelle sei auf einige Autoren hingewiesen, die von verschiedenen Gesichtspunkten und Zielsetzungen aus die Phänomenologie der Intervalle in ihren Werken berücksichtigen:

Hermann Pfrogner, *Lebendige Tonwelt*
Heiner Ruland, *Ein Weg zur Erweiterung des Tonerlebens*
Christoph Peter, *Die Sprache der Musik in Mozarts Zauberflöte*
Maria Renold, *Von Intervallen, Tonleitern, Tönen und dem Kammerton c = 128 Hz*
Josef Matthias Hauer, *Vom Wesen des Musikalischen*

Diese Angaben sind keinesfalls erschöpfend. Der Leser wird selbst in anderen Werken noch wertvolle Hinweise auf die Intervalle finden, nicht zu vergessen *Eurythmie als sichtbarer Gesang* und *Das Tonerlebnis im Menschen* von Rudolf Steiner.

Der sogenannte *Tritonus* ist bisher unerwähnt geblieben. Er spielt in der gesamten Musikentwicklung eine besondere Rolle. Charakteristisch für dieses Intervall ist, daß es immer die Tendenz hat, vieldeutig zu sein, feste Ordnungen aufzulösen. Der verminderte Septakkord, der zwei Tritoni enthält, kann in 16 Tonarten aufgelöst werden. Der Tritonus bestimmt wesentlich den Charakter der Ganztonleiter. In dem Grenzbereich zwischen Quart und Quint stehend, verbreitet er die geheimnisvolle Stimmung eines Niemandslandes, eines «Nicht-mehr» und «Noch-nicht». In der Romantik tritt er besonders in Liedern auf, die Grenzsituationen beschreiben, wie z.B. im *Zwielicht* von Robert Schumann. Wir werden im 13. Kapitel noch einmal auf dieses Intervall zurückkommen.

Diese hier mehr aphoristische Darstellung der Intervalle war notwendig, um zu zeigen, wie aus ihr in Verbindung mit der Menschenkunde wichtige pädagogische Gesichtspunkte entwickelt werden können. Man wird die Dimension der Wirkung eines Intervalles daran ermessen können, daß zum Beispiel die Terz fast unbemerkt aufkeimend im vierten Jahrhundert die seelische Voraussetzung für die geistesgeschichtliche Entwicklung der Menschheit bis zum Ende des 19. Jahrhunderts mitgestaltet hat. Man kann auch sagen, sie war der musikalische Ausdruck dieser Entwicklung. Daher weisen ja auch immer wieder Musiker und Musikpädagogen auf die Wichtigkeit der Musik in der ethischen Erziehung des Menschen hin.

Als Zusammenfassung soll hier folgendes einfache Schema stehen, das, so hoffe ich, durch das Vorangegangene verständlich wird:

Innenraum | Außenraum

Prim Sekund Terz Quart Quint Sext Septim Oktav

Ursprung Bewegung Empfindung ← Grenze → Empfindung Bewegung Ziel

3.
Die Quartenempfindung in der dritten Klasse

Das, was wir im vergangenen Kapitel über das Erleben der Quart geschildert haben, tritt uns nun als Grundstimmung beim Übergang in die dritte Klasse entgegen. Das Erleben der Kinder wendet sich nicht mehr so stark nach außen, sondern wendet sich nach und nach einem Innenraum zu, der noch nicht der subjektive, persönliche der kommenden Terzenstimmung ist, einem Innenraum, der mehr überpersönlicher Art ist und in dem sich Erinnerungsbilder der Menschheitsgeschichte spiegeln können. Oft erfüllt eine starke Sehnsucht nach alten Erzählungen die Schülerinnen und Schüler in diesem Alter. (Erzählstoff der dritten Klasse sind die Geschichten des Alten Testamentes!) Es ist die Quartenempfindung, die die Voraussetzung für den Blick in die Vergangenheit, in alte Menschheitserinnerungen schafft.

Dankbar werden Lieder im Stile alter Runengesänge, Volksepen mit vielen Strophen aufgegriffen. Vorsichtig deutet sich ein Grundtonempfinden an. Sehr gut eignen sich Melodien in den Kirchentonarten, einfache Begleitungen, in denen schon Akkorde vorkommen können, die aber noch frei von funktionaler Bindung sind.

Alte Sagen in Balladenform zu bringen mit Begleitung von Bordunleiern oder anderen Instrumenten, ist eine reizvolle Aufgabe für den Musiklehrer.

Zur Begleitung, zu Zwischen-, Vor- und Nachspielen benötigt man nun die c-Flöte. Auf diese Art und Weise lernt das Kind auch schon alle Töne im Spiel kennen, die bald in Noten geschrieben und gelesen werden sollen.

Der Klassenlehrer wünscht sich in der dritten Klasse natürlich, daß der Musiklehrer im Zusammenhang mit der Sachkunde-Epoche Handwerkslieder singt. Das sind zum größten Teil Lieder in Dur.

Man muß da nicht pedantisch sein, aber man wird darauf achten, daß das melodische Element, das Bewegungselement, trotz der harmonischen Einbindung immer noch besonders hervorgehoben wird.

Hat man ein Lied, wie das in allen Bergbaugebieten Deutschlands beheimatete *Glück auf, der Steiger kommt* – oft wird es erst in der vierten Klasse gebraucht, aber das hier Gesagte gilt allgemein –, so versuche man, das Augenmerk nicht auf die harmonischen Schwerpunkte, sondern auf die Bewegung dazwischen zu lenken. Man kann da erinnern an die sogenannte «Oberharzer Fahrkunst», zwei Balkenketten, die in nicht zu großem Abstand an je einem Arm eines «Balanciers» einer Dampfmaschine hingen und sich so im Gegentakt auf- und abbewegten. Durch die daran angebrachten Tritte war es möglich, durch entsprechendes «Umsteigen» nach oben oder nach unten zu gelangen. Hat man diese Bewegung des «Ein- und Ausfahrens» im Hintergrund, so bekommt die Achtelbewegung zwischen den Taktschwerpunkten einen viel höheren Stellenwert, das eigentliche melodische Element tritt stärker hervor:

Auch wenn nun in der vierten Klasse Taktschwerpunkt, Grundton und harmonisches Gerüst immer stärker erlebt werden, wird es uns ein Anliegen sein, das melodische Bewegungselement stets gebührend zu berücksichtigen.

4.
Das Kind nach dem 9. Lebensjahr – der Rubikon

Einige Zeit nach Vollendung des neunten Lebensjahres wird man bei sorgfältiger Beobachtung bemerken, daß das Kind in eine neue Beziehung zur Welt tritt. Dieser Zeitpunkt wird in der anthroposophischen Menschenkunde als «Rubikon» bezeichnet. Ein Merkmal dieses neuen Verhältnisses ist, daß das Kind die Welt jetzt vom Zuschauerstandpunkt aus betrachten kann. Als Erwachsene erleben wir die Welt normalerweise von diesem Standpunkt aus. Dadurch können wir zum Beispiel in kurzer Zeit die Beschreibung eines Weges geben, den zu gehen es mehrerer Stunden bedürfte, indem wir in der Vorstellung alles von oben aus der Zuschauerperspektive betrachten. So werden jetzt auch im Hauptunterricht der vierten Klasse erste Kartenskizzen angefertigt. Das bedeutet aber, daß das Kind, das bisher ganz mit der Welt verbunden war, sich jetzt von ihr getrennt empfindet.

Die Frage, die das Kind in diesem Zeitpunkt an uns richtet, ist die: Wie kann ich mit dieser Trennung leben, wo sind die Brücken zwischen mir und der Welt? Alles wird jetzt interessant, was «Brückenfunktion» hat, so zum Beispiel das Postwesen, Fahrpläne, Geschäftsverkehr und auch die Notenschrift.

Für die Einführung der Notenschrift mag es verschiedene Methoden geben; am einleuchtendsten scheint mir in diesem Zeitpunkt die zu sein, die P. M. Riehm in *Heilen und Erziehen durch Musik* darstellt. Man beschreibt in frei erzählender Weise die geschichtliche Situation, zum Beispiel das Bedürfnis, fremde, selten gehörte Melodien festzuhalten, zu sammeln. Die Kinder können versuchen, eine Art Neumenschrift zu entwickeln, die dann in die Notenschrift übergeht.

Wichtig ist, daß das Erlernen der Notenschrift gleich verbunden wird mit Übungen im «Vom-Blatt-Singen» und Übungen im «Vom-

Blatt-Spielen». Dabei wird man von der Sekunde als dem eigentlichen Bewegungsintervall ausgehend sich nach und nach alle Intervalle erarbeiten, Dreiklänge und Dreiklangsumkehrungen kennenlernen und das alles auch empfindungsmäßig erleben lassen. Man wird zum Beispiel erleben lassen, wie der Sextakkord (1. Umkehrung), besonders wenn er gebrochen gespielt wird, immer einen zielgerichteten Charakter besitzt. Das liegt natürlich daran, daß der «Grundton», der jetzt c heißt, oben liegt. Der Lehrer kennt diese Eigenschaft des Sextakkordes vom Anfang der Rezitative her, wo er in seiner hinweisenden Funktion auftritt und weiß, daß er darauf noch einmal in der Oberstufe eingehen wird. Ebenso wird er über die zweite Umkehrung als von einem Akkord sprechen, der noch nicht zur Ruhe gekommen ist, so wie man ihn von der Konzertkadenz her kennt, und vielleicht auch zeigen, wie er oft weitergeführt wird. Wenn die Schülerinnen und Schüler jetzt selbst kleine Melodien bilden, wird der Lehrer ihnen zeigen, wie größere Intervalle eine Spannung erzeugen, die ihren Ausgleich in der entgegengesetzten Sekundbewegung in zahlreichen Formen finden kann. Er wird den Leitton in seiner Funktion zum Erlebnis bringen und so in vielfältiger Form im Tun die elementaren Tatsachen der Musiklehre miteinfließen lassen.

Man wird, wenn man jetzt kleine Lieder und Melodien vom Blatt singen und spielen und dann in Noten aufschreiben läßt, bemerken, daß die Schüler das Bedürfnis haben, auch alle anderen Bezeichnungen wie zum Beispiel f, p, legato-Bögen, Wiederholungszeichen usw. kennenzulernen. Man kann den Kindern ruhig erzählen, was ein Bogen für den Bläser, den Streicher oder den Sänger bedeutet. Alles, was Vereinbarungen zwischen den Menschen sind, hat in diesem Alter für das Kind eine große Bedeutung.

Mit der nun neu erreichten Distanz der Welt gegenüber schwindet das Empfinden für die Harmonie in der Welt. Sie tritt den Kindern jetzt in ihren einzelnen Teilen entgegen.

In diesem Moment setzt das Bruchrechnen ein, eine mehr analytische Tätigkeit, in der das Kind nun aber die Beziehung der Teile zueinander erlebt.

In der Musik wird man das aufgreifen, indem man das Verhältnis von ganzen, halben, Achtelnoten usw. zum Erlebnis bringt. Man geht am besten von der Viertelnote aus. Man läßt zum Beispiel die Pauke

Viertel schlagen. Der rhythmische Charakter der Viertelnote liegt darin, daß wir in ihr unseren Puls oder auch unseren Schritt im Tempo «moderato» empfinden.

Während also die Viertel etwas Schreitendes haben, versuchen wir, die Halben in ihrem mehr schwingenden Charakter – das Bild der Glocke drängt sich auf – darzustellen. Das erreicht man zum Beispiel durch Röhrenglocken, die abwechselnd links und rechts in halben Notenwerten geschlagen werden, während der Gong alles in einem Schlag zusammenfaßt (ganze Note). Die kürzeren Notenwerte, Achtel, Sechzehntel und evtl. Zweiunddreißigstel, können dann auf Klanghölzern, kleinen Trommeln und Tambourin dargestellt werden. Die schnellen Notenwerte spielt man mit den Fingern.

Nun beginnt das Spiel mit den Vierteln auf der Pauke, dann kommen Klangröhren und Gong dazu, erst dann setzen die Instrumente mit den kürzeren Notenwerten nacheinander ein.

Die Kinder erleben zumeist staunend und mit großem Behagen dieses Ordnungsgefüge und setzen alles daran, daß es genau stimmt. Es kann passieren, daß man diese kleine Übung erst dann abschließen kann, wenn jedes Kind an jedem Instrument «drangewesen» ist.

Der Klassenlehrer kann solche Erlebnisse unter anderem dadurch im Rechenunterricht aufgreifen, daß er Beispiele von komplizierten Takten aus der Musikliteratur an die Tafel schreibt und durch Zusammenrechnen der einzelnen Notenwerte die Taktart bestimmen läßt.

Es sind im Musikunterricht tatsächlich schon kleine rhythmische Kompositionsaufgaben zum Beispiel für vier Rhythmusinstrumente möglich.

Das hängt damit zusammen, daß auch das seelische Gefüge des Kindes seine Einheitlichkeit verliert und man zum ersten Mal den Rhythmus emanzipieren kann. Den Hinweis von Rudolf Steiner: *«... vor dem neunten Lebensjahre sollte man das Kind noch nicht mit Rhythmus plagen ...»*[22] kann man in dieser Weise verstehen.

Das führt nun zu neuen Übungen, in denen der Schüler zu einem Lied, das er singt, einen Gegenrhythmus spielt. Nehmen wir an, wir singen das alte Tanzlied *Maienzeit bannet Leid*

und stellen mit den Schülern gemeinsam fest, daß der Rhythmus e e q uns, besonders, wenn wir es öfter hintereinander singen, dazu verleitet, schneller und schneller zu werden. Im Gegenrhythmus q e e gesungen, könnte man das vermeiden, aber der Tanzliedcharakter ginge weitgehend verloren. Nun kommt der Vorschlag: Klatschen wir den Gegenrhythmus und singen dazu das Lied in seinem eigenen Rhythmus:

Nach einigem Üben kann das nun von jedem einzelnen Kind mit dem Tambourin probiert werden.

Man wird viele Beispiele finden; jedesmal aber sollte man versuchen, mit den Kindern herauszufinden, was der hinzugefügte Rhythmus bewirkt. So zum Beispiel wird der zu dem Lied *So treiben wir den Winter aus:*

hinzugefügte Rhythmus

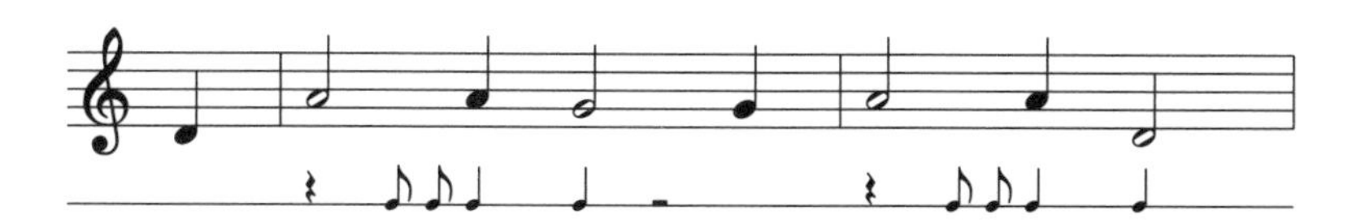

den treibenden Charakter unterstützen, der in dieser Form in dem vorherrschenden h q-Rhythmus im Lied nicht enthalten ist.

Solche Übungen scheinen auf den ersten Blick einen rein musikalisch-artistischen Charakter zu haben. Es ist weit mehr, was da geschieht, und das zeigt sich in dem Eifer des Übens und einem gewissen Stolz, wenn es gelungen ist. Das Kind erlebt: Hier oben erlebe ich die Melodie, die da heraufströmt zum Kopf mit ihrem Rhythmus und hier unten mit den Gliedmaßen schlage ich einen anderen Rhythmus und dazwischen stehe *ich* und bringe beide in Verbindung, in Harmonie.

Wenn wir das ernst nehmen, daß in diesem Alter schon das erste zarte Gefühl eines emanzipierten Denkens auf der einen Seite und Wollens auf der anderen Seite auftaucht, dann wird man verstehen, wie wichtig es für das Kind ist, die Kraft in seiner Mitte zu erleben, mit der es diese beiden Pole in Harmonie bringt.

Da nun die polarisierenden Kräfte in diesem Jahrhundert nach der Schwelle vom 19. zum 20. Jahrhundert immer stärker werden, muß gerade diese mittlere Kraft, die im Gefühl wurzelt, immer mehr geschult werden.

Wir werden später noch auf diesen Tatbestand zurückkommen, können aber hier schon bemerken, welche Auswirkungen solche Übungen auf den späteren Entwicklungsweg haben werden.

Das beschriebene neue Weltverhältnis nach dem Rubikon erzeugt nun zwei Grundstimmungen in der Seele. Die eine ist die, daß das Kind fühlt: «Ich bin allein.» Es empfindet nicht nur die Distanz zur Welt, sondern auch zu den anderen Menschen. Das erzeugt Gefühle der Angst. (Man liebt es z. B., wenn nachts irgendwo noch ein Licht brennt.) Dem können wir dadurch entgegenwirken, daß wir die Kinder in die bereits erwähnten Kommunikationsmittel zwischen den Menschen einführen und sie damit ganz vertraut machen.

Das zweite Gefühl beschreibt eigentlich das Gleiche, wirkt aber als Stimmung völlig anders. Es ist das Gefühl «Ich bin einmalig». Jedes Kind wird sich mehr oder weniger bewußt, daß es tatsächlich eine unverwechselbare, einmalige Erscheinung ist. Oft kann man Aussprüche hören wie: «Eigentlich bin ich doch jetzt ein ganz eigener Mensch.»

Es ist wichtig, daß das Kind schon in diesem Alter hierin Bestätigung findet, so daß später die Frage «Wozu bin ich eigentlich auf der Welt?» nicht zur Resignation führt.

Die musikalische Form aber, die diesen beiden Stimmungen und den daraus abgeleiteten Forderungen gerecht werden kann, ist das *Konzert.* Auf eine Frage des zu Rudolf Steiners Zeiten wirkenden Musiklehrers, «ob man dieses einzelne Dirigieren auch bei den Jüngeren machen kann», antwortet Rudolf Steiner:[23]

«Ich glaube, von einem Zeitpunkt zwischen dem neunten und zehnten Lebensjahre kann man das auch anfangen. Vieles von dem, was sich in diesem Zeitpunkt entscheidet, ist von solcher Art, daß diese besondere Beziehung, wenn einer als einzelner zu einer Gruppe in Verhältnis tritt, daß vieles von diesen Beziehungen da hineinspielt. Es ist ja nicht unnötig, das auch auf andere Gegenstände auszudehnen, so zum Beispiel immer für das Rechnen das zu benützen, daß einer die anderen führt für gewisse Sachen. Da macht es sich von selbst, aber im Musikalischen wird es zu einem Bestandteil der Kunst selbst werden.»

Diese Form, daß der einzelne – es muß nicht immer der einzelne sein, es kann auch eine kleine Gruppe sein – der großen Gruppe gegenübersteht, ist das, was jetzt gepflegt werden sollte. Dabei ist natürlich nicht an eine strenge Konzertform gedacht, Concertino und Solo können in verschiedener Form auftreten, und das «Material» zu diesem Konzert kann durchaus ein einfaches Lied sein. Dieses versieht man zum Beispiel mit einer wenige Töne umfassenden Baßstimme, die etwa von einem gezupften Kontrabaß gespielt wird. Die Kinder lieben dieses Instrument als Polarität zu der um eine Oktave zur Singstimme höher klingenden Blockflöte. Man kann die Baßstimme auf vier Töne beschränken und die Saiten auf diese vier Töne stimmen, so daß nicht «gegriffen» werden muß. Auch Pauken oder Violoncelli können als Baßinstrumente Verwendung finden. Dann tritt vielleicht noch eine sehr einfache, mittlere Stimme dazu, so daß eine Art Trio entsteht, das eventuell durch verschiedene Schlaginstrumente bereichert wird.

Nun kann man das Ganze einmal nur mit Flöten spielen (S-, A-, B-Fl.) oder mit Streichern oder mit einer Kombination von Flöten, Metallophon und Kontrabaß. Einmal singt der Tutti-Chor dazu, bei einer anderen Strophe nur ein kleiner Chor, die Besetzungen wechseln ständig. Auch werden die begabteren Schüler nicht zu kurz kommen, indem sie zum Beispiel selbst verfaßte Variationen des Liedes oder sogar eine kleine Konzertkadenz spielen, die dann in das Schlußtutti einmündet.

Die Einrichtung eines solchen Konzertes ist eine reizvolle Aufgabe für den Musiklehrer, wichtig ist aber, daß möglichst jeder Schüler seine Unersetzbarkeit erlebt, auch wenn er *nur* die Triangel spielt, diese aber genau im Takt und mit der richtigen Lautstärke, so wie nur er es kann oder gelernt hat.

Fassen wir zusammen:

Das Erlernen der Notenschrift verbunden mit Übungen im Vom-Blatt-Singen und Vom-Blatt-Spielen wird einen großen Teil des Musikunterrichts ausmachen. Hat man darin in sorgfältig aufgebauten Übungen den Oktavraum zuerst in C-Dur erschlossen, kann man nun zur weiteren Übung von Zeit zu Zeit Themen aus bekannten Werken, Sinfonien, Sonaten, Opern, Oratorien vorstellen, sie singen, spielen und abschreiben lassen.

In einer Sammlung berühmter Melodien, die das Kind in seinem Notenheft anlegt, erscheint dann hin und wieder auch eine eigene Melodie, die von der Klasse auch gespielt und gesungen wird.

Man erreicht mit einer solchen Sammlung zugleich, daß das Kind sich mit der Kulturwelt der Erwachsenen verbunden fühlt; wieder ist eine Brücke gebaut, die es mit der «Welt» verbindet.

In der verbleibenden Zeit wird man dann Übungen mit emanzipierten Rhythmen machen und kleine «Konzerte» einstudieren. Ein volles Programm! Dabei wird noch viel gesungen.

Erwacht jetzt auch langsam die Liebe zur geordneten Harmonie als Grundlage der Melodien, so achte man jedoch sorgfältig darauf, daß das Bewegungselement der Melodie nicht vollständig von Takt und Harmonie aufgesogen wird, leben wir doch in einem Jahrhundert, das die Melodie als das ursprüngliche musikalische Element, das noch aus kosmischen Gesetzmäßigkeiten heraus geboren ist, neu entdeckt hat.

Man wird zum Beispiel bei dem Lied *Auf, kleine liebe Lerche* walisischen Ursprungs bemerken, daß die Melodie gar nicht den eigentlichen Grundton erreicht, sondern von dem Bewegungsintervall der Sekunde zum oberen Oktavton geleitet wird:

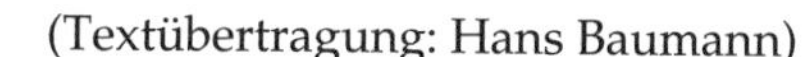
(Textübertragung: Hans Baumann)

Der «Auftrieb», den die Melodie durch die Sekundbewegung erhält, wird durch den zurückspringenden Ton, den man besonders aufgreift, noch verstärkt:

Die Melodie fühlt sich *oben* zu Hause, ein schönes Bild für die Lerche.

Es ist auf der anderen Seite in diesem Stadium der Entwicklung in der vierten Klasse durchaus noch möglich, Formen der frühen Mehrstimmigkeit, also einer Einstimmigkeit, die sich mit Klang umgibt, in Klang auffächert, in neuer Form zu verwenden. Dazu findet man Beispiele in dem *Chorheft für die Mittelstufe* von P. M. Riehm. Diese Beispiele erscheinen manchen auf den ersten Blick zu anspruchsvoll, man wird aber bald entdecken, daß gerade Kinder in diesem Alter diesen Ansprüchen durchaus gewachsen sind, wenn sie bis dahin gut musikalisch geführt wurden. Gerade etwas schwieriger zu singende Intervalle wie etwa die None in dem Lied von der Tulpe werden von den Kindern, wenn sie in die Geste der Tulpe hineinschlüpfen, die neugierig aus der aufbrechenden Knospe heraus über alle anderen hinweg «um sich schaut», wie selbstverständlich gemeistert. Die melodische Geste wird heute in allen Altersstufen eine größere Rolle spielen als früher.

So können wir also schon in der vierten Klasse mit einfachen Formen der Mehrstimmigkeit, die noch ganz aus der Einstimmigkeit erwächst, beginnen, auch schon einfache Kanons singen. Für die polyphone Mehrstimmigkeit allerdings wird man erst in der fünften Klasse die nötigen Voraussetzungen finden. Diese Voraussetzungen bestehen darin, daß das Kind eine gewisse Sicherheit in seinem Verhältnis zur Welt und den anderen Menschen gegenüber erworben hat.

5.
Die fünfte Klasse

Das Besondere der ersten zweistimmigen polyphonen Mehrstimmigkeit besteht darin, daß man es mit zwei selbständigen, in sich ausgewogenen Stimmen zu tun hat, die nicht nur untereinander korrespondieren, harmonieren, sondern sich auch noch gegenseitig anregen, zum Beispiel durch die typische Dissonanzbildung und deren folgende Auflösung. Der besondere Übungscharakter liegt nun darin, daß ich, während ich meine eigene Stimme zuverlässig singe und gestalte, zu gleicher Zeit den Verlauf der anderen Stimme wahrnehme.

Das kann man so üben: Nachdem beide Stimmen von allen einstimmig, musikalisch gut gestaltet, gesungen worden sind, fordert man die eine Gruppe auf, ihre Stimme stumm für sich zu singen, während die andere Stimme laut gesungen wird. Im äußeren Hören bin ich ganz auf die andere Stimme gerichtet, während ich meine eigene innerlich höre. Zur Kontrolle kann man die stumm singende Gruppe von einer bestimmten Stelle an laut weitersingen lassen. Nun wechselt man, und dann tauscht man die Gruppen. Auf diese Weise hat man es viermal gesungen. Nachdem diese vier Proben bestanden sind, darf dann zweistimmig gesungen werden mit dem geübten feinen «Aufeinanderlauschen».

Der Lehrer ist für den ersten Einsatz verantwortlich und für gelegentliche Hilfen. Das ganze musikalische Geschehen aber soll sich zwischen den Schülern abspielen. Das Üben dieser «sozialen Kommunikation» findet auch darin seinen Ausdruck, daß jeder für den anderen mitverantwortlich ist. Singt zum Beispiel eine Gruppe zu schnell, wird von der anderen erwartet, daß sie es sofort merkt und selbst das Tempo anzieht, damit das gemeinsame Musizieren gelingt.

Kanons werden, wenn es möglich ist, ohne Gruppeneinteilung

gesungen. Das Ziel aber ist, daß alle Gruppen möglichst gleich stark sind, gegebenenfalls muß man also in eine andere Gruppe springen, um dort zu helfen. So haben wir im Üben der polyphonen Mehrstimmigkeit eine hohe soziale Schule. Man wird es bis dahin bringen, daß die Schüler wenigstens einige Takte lang einen zweistimmigen Satz hörend lesen können.[24]

Das zweite, was jetzt in der fünften Klasse möglich wird, ist, den «Standpunkt zu wechseln».

Für den Deutschunterricht fordert Rudolf Steiner, daß die Kinder beim Erzählen genau unterscheiden, ob sie ihre eigene Meinung, ihre eigenen Erlebnisse oder die eines anderen schildern.

Solche verschiedenen «Standorte» erleben wir musikalisch in den Grundtönen der verschiedenen Tonarten.

Gehen wir von C-Dur aus. Wir lassen das Kind, das diese Skala auf einem Metallophon spielt, die Halbtonschritte erleben, indem wir es wahrnehmen lassen, wie der Strom zwischen e und f und h und c aufgehalten wird. Auf der Blockflöte mit barocker Griffweise kann man das sogar am Zurückspringen der Finger «sehen». Nun spielt das Kind den zweiten Tetrachord der Skala so oft, bis es den ersten vergessen hat und fügt dann auf dem neuen Grundton den nächsten Tetrachord an.

Noch habe ich dem Schüler oder der Schülerin nichts gesagt über neu hinzukommende Töne. In den meisten Fällen wird das Kind also als neuen zweiten Tetrachord d e *f* g spielen. Die Kinder hören, daß es nicht richtig ist, sie kennen ja die Dur-Skala inzwischen gut. Das chromatische Metallophon gibt die Möglichkeit, es richtig zu machen. Man läßt suchen. Manchmal hilft der Ratschlag eines Kindes aus der Klasse. Hat man das fis gefunden – der Name taucht fast wie zufällig auf –, so entdeckt man beim Fortsetzen dieses Vorgehens bald das Prinzip, wie man regelmäßig zu dem neuen Ton kommt (den vorletzten «erhöhen»). Bald aber ist man am oberen Ende des Instrumentes angekommen, fragend schaut der Lehrer die Kinder an und irgendeiner entdeckt dann, daß man ja oktavierend zurückspringen kann.

Das pädagogische Prinzip, das hier angewandt wird, ist das des «Entdeckenlassens», nicht das der «Vorgabe». Auf diese Art und Weise – besonders, wenn der Vorgang seelisch begleitet ist von Entdeckerfreude, Erstaunen, Verwunderung usw. – prägt sich das neu Gelernte viel stärker dem Gedächtnis ein und der Lernprozeß ist mit Tätigsein verbunden. Man wird, wenn man das Buch *Fremdsprachen in der Waldorfschule* von Johannes Kiersch liest, besonders in dem Kapitel über Grammatikunterricht den gleichen methodischen Ansatz finden. Er erwächst folgerichtig aus einer künstlerischen Auffassung des Fremdsprachenunterrichtes.

In einer Zeit, wo wir immer stärker den Willen im Erkennen schulen sollten, um zu einem wirklichen Weltverständnis zu kommen, wird eine solche Methode von immer größerem Nutzen sein.

Die «Sportlichen» unter den Schülern dürfen diesen Weg durch die Kreuztonarten mit «Schwung» machen und kommen schneller zum Ziel:

Die b-Tonarten erreicht man auf dem entgegengesetzten Weg, die Skala abwärts:

Damit legt man eine Polarität in den Tonarten an, die später als Grundlage für das Verständnis ihres Charakters hilfreich sein wird.[25]

Wir haben beim Kennenlernen der Tonarten Wert auf den Prozeß gelegt, der von einer Tonart in die andere führt. Diesen Prozeß nun werden wir in kleinen Übungen, die im zehnten Kapitel dargestellt sind, immer wieder erleben lassen.

Allerdings sollte nun auch der praktische Umgang mit Tonarten und kleinen Modulationen gepflegt werden.

Auf der Blockflöte können stufenweise die neuen Griffe eingeführt werden, indem man einige Wochen lang jeweils Stücke in F-Dur, B-Dur, Es-Dur oder G-Dur, D-Dur und A-Dur spielt, so daß man in jeder Tonart in den Griffen eine gewisse Gewohnheit anlegt.

Wenn man in der Blockflötenliteratur nichts in Es-Dur oder A-Dur findet, kann man sich wiederum umschauen in Lied- und Oratorienliteratur und kleine Ausschnitte in der Originaltonart spielen lassen.

Inzwischen hat das Klassenorchester meist schon eine ansehnliche Streicher- und Bläserbesetzung. Bei der Auswahl der Literatur hat der Musiklehrer die interessante Aufgabe, durch geschicktes Arrangieren jedes Kind mit seinem Instrument miteinzubeziehen. Gelingt es nicht mit der ganzen Klasse, dann muß man in irgendeiner Form teilen. Den Schöpfungswillen der Kinder kann man wecken durch kleine einstimmige Kompositionsaufgaben, die manchmal von einigen freiwillig mehrstimmig versucht werden. Besonders anregend ist es, wenn diese kleinen Stücke - vom Lehrer mehrstimmig gesetzt - dann vom Klassenorchester aufgeführt werden. Beispiele dazu findet man in dem Instrumentalheft des Verfassers.[26]

In Verbindung mit dem bewußten Übergang in die Drei- und Vierstimmigkeit wird man nun Akkord- und Harmonieübungen einführen. Damit befinden wir uns in dem Übergang zur sechsten Klasse.

6.
Skizzen zur musikalischen Menschenkunde

Einige Zwischenbetrachtungen zum Erleben des Musikalischen im Menschen

In den bisherigen Ausführungen haben wir stets versucht, das Musikalische in Zusammenhang mit der seelischen und geistigen Entwicklung des Kindes zu sehen. Das erfordert auf der einen Seite ein menschenkundliches Studium, auf der anderen Seite eine Vertiefung in die Wirkung der verschiedenen musikalischen Elemente. In bezug auf die Intervalle haben wir das in skizzenhafter Form im dritten Kapitel versucht. An dieser Stelle wollen wir noch einmal ganz allgemein den musikalisch-menschenkundlichen Zusammenhang betrachten, ausgehend von dem, was Rudolf Steiner in seinem Vortragszyklus *Das Tonerlebnis im Menschen* schildert. Dort heißt es im zweiten Vortrag:

«*Das Erleben des Musikalischen muß innerhalb des Gebietes, das zwischen Vorstellung und Willen gelegen ist, ablaufen, es muß ganz ablaufen in demjenigen Teile des Menschen, der eigentlich dem Alltagsbewußtsein gar nicht angehört, sondern der etwas zu tun hat mit dem, was herunterkommt aus geistigen Welten, sich verkörpert und wiederum durch den Tod durchgeht.*»

Dieses Gebiet, das zwischen Vorstellung und Willen liegt, ist u. a. gekennzeichnet durch die zwei dem Menschen am deutlichsten wahrnehmbaren und ihm eigenen Rhythmen:

– den Atemrhythmus und
– den Blutrhythmus oder Pulsschlag.

Charakteristisch für den Atemrhythmus ist seine gegenüber dem Pulsschlag viel größere Beweglichkeit. Wenn der Mensch erregt ist, kann der Atem sehr kurz sein (1-2 sek.), während er in anderem Falle die zehnfache Länge erreichen kann. Und weiterhin charakteristisch ist, daß wir im Atem mit der uns umgebenden Luft korrespondieren, daß Außen und Innen zum Austausch kommen und wir so eine Art Quinterlebnis haben.

Tatsächlich ist, wie wir schon geschildert haben, das Erleben des Kindes bis zum neunten Lebensjahr noch viel stärker an den Atem gebunden als später. Wir erinnern uns an die kurzen, charakteristischen Atembögen im *Meisenlied* (siehe 1. Kapitel) und vergleichen sie mit den langen Atembögen zu Anfang des *Pferdchenliedes* aus *Was ist dies, was ist das.* Allein aus der Länge der Atembögen wird die Stimmung des Liedes schon stark beeinflußt.

Wir können überhaupt bemerken, daß der Atem viel mehr mit der Melodie verbunden ist als der Puls, daß die Melodie, wenn wir sie rein, ohne Einfluß von Harmonie und Takt erleben, die Beweglichkeit des Atems in sich trägt. Diese Beweglichkeit tritt später unter dem immer stärker werdenden Einfluß der Harmonie zurück. Erst im zwanzigsten Jahrhundert hat man das Melodieelement in seinem ursprünglichen Charakter wieder neu entdeckt.

Ganz anders erleben wir den Pulsrhythmus. Mit ihm sind wir in uns abgeschlossen. Deshalb spielt er auch in der Zeit nach dem Rubikon eine größere Rolle als vorher. Mit diesem rhythmischen Maß in uns fühlen wir uns stärker mit der vom Takt geprägten Musik verbunden. Jedes Tempo beziehen wir meist unbewußt auf dieses Grundmaß und haben so ein Empfinden für «langsam» und «schnell».

Nun stehen diese beiden Rhythmen in dem idealen Verhältnis 1:4 (bzw. 18:72), das beim erwachsenen Menschen in Zeiten der Ruhe und Erholung oder auch im Tiefschlaf in guter Annäherung erreicht wird. Hierzu hat Prof. Dr. G. Hildebrandt an der Universität in Marburg aufschlußreiche Untersuchungen angestellt.[27] Bernd Rosselnbroich greift in seinem Buch *Die rhythmische Organisation des Menschen* auf diese Ergebnisse zurück.

Die Stabilität des Verhältnisses 1:4 stellt sich normalerweise nach dem neunten Lebensjahr ein. Darüber wurden von Dr. Matthiolius in Stuttgart an der Waldorfschule Untersuchungen angestellt.

In den meisten Volksliedern, aber auch zum Beispiel deutlich in der Wiener Klassik, finden wir die viertaktige Periode oder zweitaktige Phrase, in denen ein Atembogen vier Pulsschläge umfaßt, so zum Beispiel in der C-Dur-Sonate von Mozart:

Das Pulsmaß ist hier das Maß des halben Taktes. Wir haben in der rechten Hand stärker ein Atemempfinden, in der linken stärker ein Taktempfinden; für die Interpretation eine wichtige Tatsache.

Nach dem Rubikon hilft die Musik, das Verhältnis von Atem und Pulsrhythmus zu ordnen.

Gehen wir von dem anfangs erwähnten Zitat von Rudolf Steiner aus, so können wir weiter mit ihm feststellen, daß

«durch die Strömung des Atems ... die Melodie von dem Herzen in den Kopf getragen, ... der Rhythmus auf den Wellen der Blutzirkulation vom Herzen in die Gliedmaßen getrieben wird.»

Wir haben also auf der einen Seite das Heraufströmen des Musikalischen in Form der Melodie in den Kopfbereich, den Bereich des Vorstellens, in dem wir am wachsten sind, und auf der anderen Seite das Herunterströmen in den mehr unbewußten, schlafenden Willen.

Charakteristisch aber für das Musikalische ist, daß diese Strömungen nach beiden Seiten hin aufgehalten werden. Die Musik würde ihren eigentlichen Charakter verlieren, wenn sie die klaren, überschaubaren Formen des Vorstellens oder die Zielgerichtetheit des Willens annehmen würde. Gerade in der Bindung an den Ursprung in der Mitte des Menschen liegt ihre Eigenart.

Deshalb ist es in jedem Musikunterricht, sowohl beim Singen als auch beim Musizieren wichtig, immer von einer Empfindung auszugehen, d. h. von der seelischen Tätigkeit des mittleren Menschen. Das gilt auch für rhythmische Übungen!

Was nun Rudolf Steiner in dem anfangs erwähnten Zitat über diesen mittleren, zwischen Vorstellung und Willen gelegenen Bereich des Menschen sagt, das kann man ahnend zum Beispiel dann erleben, wenn man in bestimmten Situationen einem sicheren Gefühl, das wie eine höhere Instanz erlebt wird, mehr vertraut als logischen Überlegungen.

Um dieses mittlere Gebiet geht es nun besonders in der vierten, fünften und sechsten Klasse.

Zusammenfassend können wir sagen: In den ersten zwei bis drei Schuljahren lebt das Kind vorwiegend in dem musikalischen Strom, der, von der Empfindung ausgehend, auf den «Flügeln des Atems» nach oben getragen wird und dort die Melodie bildet; im vierten bis sechsten Schuljahr lebt das Kind hauptsächlich in dem mittleren, dem Empfindungsbereich, wo es sich mit den harmonischen Verhältnissen vertraut macht, und in der siebten und achten Klasse wird der junge Mensch mehr von dem in die Gließmaßen eintauchenden Strom ergriffen, der ihn das Taktlich-Rhythmische stärker erleben läßt. Zur Anschauung möge folgende kleine Skizze dienen:

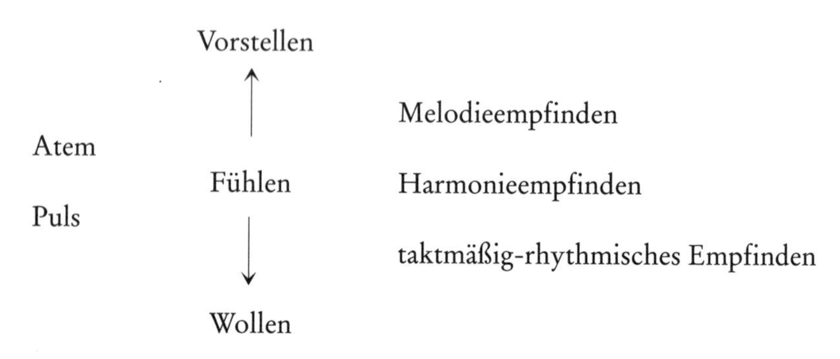

7.
Dur und Moll im sechsten Schuljahr

Schon im Laufe der fünften Klasse wird man bemerken, daß Lieder oder Instrumentalstücke in einer Molltonart eine besondere Wirkung auf die Kinder haben. Im seelischen Erleben fühlt sich das Kind auf sich zurückgeworfen und empfindet den geheimnisvollen Schauer des «In-sich-Abgeschlossenseins».

Dieses Erlebnis tritt besonders stark hervor, wenn man die Aufgabe stellt, eine Melodie in Moll zu spielen, die sich anfangs gleich an der kleinen Terz bricht, später dann an der kleinen Sext, z. B.:

Es ist eben charakteristisch für die Molltonarten, daß der die Bewegung hemmende Halbtonschritt immer dann eintritt, wenn die Empfindungsintervalle Terz oder Sext erreicht werden. Das Empfinden wird gleichsam nach innen, d. h. stärker in die Leiblichkeit zurückgeworfen.

Wenn wir nun allerdings Dur und Moll so beschreiben, daß wir sagen: das eine führt uns seelisch stärker nach außen, das andere seelisch stärker nach innen, werden wir bemerken, daß das Erlebnis in der musikalischen Praxis doch ein viel komplexeres ist und nicht nur mit der Dur- und Mollskala zusammenhängt. Besonders, wenn man die beiden Stimmungen pauschal mit «fröhlich» und «traurig» bezeichnet, wird man zum Beispiel dem *alla turca* aus der bekannten A-Dur-Sonate von Mozart durchaus nicht gerecht.

Zu dem, was uns seelisch stärker nach außen führt, gehören zum Beispiel jede
- aufwärts strebende Melodie,
- Musik in hoher Lage,
- schnelles Tempo,
- «aufsteigende» Rhythmen wie e q, e e q usw.,
- aufgelockerte Harmonik

und zu dem, was uns seelisch stärker nach innen führt:
- abwärts gehende Melodien,
- Musik in tiefer Lage,
- langsames Tempo,
- absteigende Rhythmen wie qe, qe e usw.
- und verdichtete Harmonik.

Dadurch nun, daß diese verschiedenen Elemente sich überlagern, entstehen die unterschiedlichsten Stimmungen.

Eine abwärts gehende Dur-Melodie erzeugt in dem Lied *Kein Hälmlein wächst auf Erden* von W. Baumgartner

einen besinnlichen Charakter.

Lieder, in denen Erinnerungen an alte Zeiten geschildert werden, sind daher besonders überzeugend, wenn sie in Moll stehen. Erinnern sie uns an etwas sehr Schönes, so wird in dem Moll etwas von einem Dur-Charakter erscheinen.

In dem bekannten Lied von Zelter *Es war ein König in Thule*

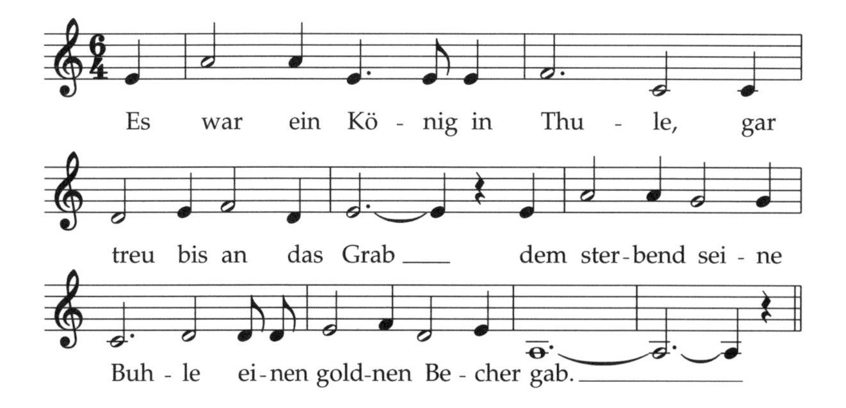

erklingt in der Harmonisierung immer dann das Dur, wenn die Melodie nach unten geht, und beim letzten tiefen a leuchtet statt des a-moll der A-Dur-Akkord auf. So wird dem Moll die Schwere genommen, die Erinnerung erscheint in verklärter Form.

Strebt eine Melodie in Moll aufwärts, so trägt sie häufig einen dramatischen Charakter.

In dem niederländischen Lied *Wer will mit uns nach Island gehn*

wird der Mut zum Wagnis noch durch den Rhythmus q e x q betont.

Man kann nun die Kinder ermuntern, allerlei Melodien zu erfinden, entweder aus dem Moment heraus, improvisatorisch, oder zu Haus. Dabei lernen sie wie selbstverständlich mit diesen Elementen umzugehen. Man stellt zum Beispiel die Aufgabe: Spiele (oder schreibe) eine Melodie in heiterem, unbeschwertem Dur, oder in zaghaft sich vortastendem Dur, oder in angstvollem Moll, und läßt nun von den zuhörenden Kindern beschreiben, ob und wie diese Stimmung erreicht wurde.

Man kann natürlich auch Texte zu Hilfe nehmen.

Wie solche Melodien dann in einfacher Mehrstimmigkeit improvisiert werden können, wird im zehnten Kapitel beschrieben.

Durch solche Übungen lernen die Schüler eine mannigfaltige «Gefühlslandschaft» kennen. Das Gefühlsleben wird dabei stärker vom Bewußtsein durchdrungen und in die eigene Regie genommen. Zugleich wird durch die Polarität des seelischen Ein- und Ausatmens erlebbar, daß das Gefühl sich einmal mehr mit der eigenen Leiblichkeit (auch dem Ätherleib als «Gewohnheitsleib») verbinden oder stärker sich nach außen wenden kann, sich befreiend vom Leiblichen, dem Geistigen zugewandt.

Die Mittelstellung zwischen Leib und Geist, die unser Seelenleben einnimmt, wird hier Erfahrung.

Man wird, wenn man in diesem Alter etwas aus Mozarts *Zauberflöte* singen läßt, bemerken, mit welcher Freude die Kinder zum Beispiel das Spiel der Gefühle in der Szene der drei «Damen», die den ohnmächtig am Boden liegenden Tamino betrachten, miterleben und gestalten: das Pflichtgefühl der «Königin der Nacht» gegenüber, vermischt mit dem Gefühl der Zuneigung zu diesem jungen Prinzen und wiederum verbunden mit der Eifersucht den jeweils anderen der drei Damen gegenüber.

Bei dieser Erkundungsfahrt in die Gefühlslandschaft wird die Empfindung für den Akkord, für das Gerinnen des Musikalischen in die Gleichzeitigkeit, immer intensiver. Man kann jetzt kleine gesangliche Akkordübungen mit den Kindern machen. Man läßt Spannung und Entspannung, Dissonanz und Auflösung erleben. Durch Handzeichen gibt zum Beispiel der Lehrer Anweisung, welche Stimmen in Sekundschritten auf- oder abwärts gehen sollen. So entstehen kleine Akkordfolgen, wie etwa:

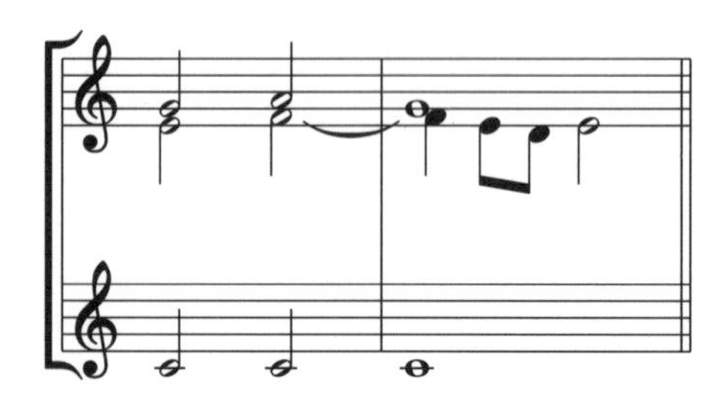

Manche Auflösungen finden die Kinder selbst:

Wenn man nun dreistimmige Sätze singt, wird man darauf achten, daß Melodie- und Harmonieerleben in ausgewogenem Verhältnis steht, wie es zum Beispiel in den mannigfaltigen Sätzen von Klaus Knigge[28] der Fall ist. Aber auch darauf wird man achten, daß die Funktionalität der Harmonien hier und da durch Klangfarben aufgelockert wird und so ein Hauch des 20. Jahrhunderts die Sätze durchweht. Das Leib-Seele-Verhältnis beim Kind ist heute eben ein solches, daß zum Beispiel eine für kurze Zeit stehenbleibende Septime wie in dem Chorsatz *In der Frühe*[29]

beim Kinde das ahnende Empfinden eines zukünftigen neuen Mensch-Welt-Verhältnisses erweckt. Auf diese Begabung der heutigen Jugendlichen wird in dem Kapitel über die Oberstufe noch näher eingegangen werden.

Man vergesse nicht, die Übungen zur Wahrnehmung der jeweils anderen Stimmen immer wieder zu praktizieren, damit die Fähigkeit, den anderen wahrzunehmen, ohne die eigene Aufgabe zu vernachlässigen, ständig wächst.

Dem Erlebnishunger der Schülerinnen und Schüler in der sechsten Klasse kommt nun in der geschilderten Art und Weise die Folklore anderer Länder in schönster Weise entgegen.

Da begegnen uns in dem musikalischen Volksgut der einzelnen Länder die verschiedensten Charaktere mit ihren besonderen Grundstimmungen und ihren Variationen. Man kann regelrecht eine Art musikalische Völkerkunde betreiben. Ja, man kommt, wenn man diese Lieder singt, nicht umhin, etwas von den Gebräuchen der Menschen, der Landschaft, ihren Lebensbedingungen zu erzählen und kann nun zeigen, wie sich das im Musikalischen widerspiegelt.

Werfen wir einen Blick auf das russische Volkslied. Viele russische Lieder stehen in Moll, oft mit einem kleinen Dur-Teil von zwei oder vier Takten in der Mitte. Gesungen wurden sie und werden sie zum Teil noch heute hauptsächlich von Menschen, die in den unendlichen Weiten der russischen Landschaft zu Hause sind. Wer einmal in dieser Landschaft, der Steppe oder der Tundra, erlebt und empfunden hat, wie sehr man sich als Mensch in dieser verliert, wie man hinausträumt in diese Weiten, kann verstehen, daß man das Moll braucht, um sich zu halten. Und tatsächlich begegnet man dort, wo die Landschaft so stark wirkt, immer wieder singenden Menschen, hört man diese mollgefärbten, schwermütigen, aber auch tänzerischen Melodien.

Im Gegensatz dazu wird man zum Beispiel in Österreich kaum ein Lied in Moll finden. Und wer schon einmal einige Zeit in einem österreichischen Alpental zugebracht hat und die ganz andere Übermacht der Natur erlebt hat, die den Menschen bedrängt, kann verstehen, wie man hier das Dur braucht, um der Seele Flügel zu verleihen. Ein beliebtes Intervall in der österreichischen Volksmusik ist die große Sext!

Vor dem Lehrer steht die Aufgabe, selbst Zusammenhänge zu entdecken zwischen den Naturgegebenheiten und Lebensgewohnheiten eines Volkes sowie dessen Volksmusik.
Man kann sich fragen: Wie kommt es zu den besonderen Rhythmen und Taktformen in der griechischen Volksmusik, wie zu den ganz anderen Rhythmen im Spanischen mit seinen Kastagnettenklängen? Ein großes Forschungsgebiet tut sich auf. Und dort, wo man selbst nicht hinreisen kann, um unmittelbare Erfahrungen zu sammeln, hält man sich an Erzählungen oder an ein Buch wie Herbert Hahns *Vom Genius Europas*, um sich von Anderen Erlebnisse beschreiben zu lassen. Jetzt, wo die Grenzen durchlässiger geworden sind, wird man immer wieder Gelegenheit finden, Originales zu hören. Man nutze die Zeit, solange noch Quellen echten Volksgutes fließen.

Auch kann man bemerken, daß das Singen der verschiedenen europäischen und auch außereuropäischen Volkslieder einen guten Einfluß auf die Entfaltung der Stimme hat. Bei italienischen Volksliedern konnte ich beobachten, daß die Kinder viel leichter mit der Stimme in die Höhe kamen. Die russischen Lieder dagegen verhelfen oft zu einem längeren und tieferen Atem.

Es ist gut, wenn man den größten Teil dieser Lieder mit dem originalen, das heißt dem für uns fremdsprachlichen Text singt, weil der Klang der Sprache den Charakter mitbestimmt. Bei dem Bemühen, das richtig zu tun, wird man heute überall leicht Hilfe finden.

In den meisten Sammlungen europäischer Volkslieder[30] sind die originalen Texte und die Übersetzungen angegeben.

Bei einer normalen schulischen und musikalischen Entwicklung sind die Kinder in der fünften und sechsten Klasse im sangesfreudigsten Alter. Sie können jetzt vom Blatt singen, sie haben in der Mehrstimmigkeit eine gewisse Sicherheit errungen und man kann in sehr kurzer Zeit immer neue mehrstimmige Liedsätze einstudieren, wobei wir – wie wir gesehen haben – in der sechsten Klasse Wert darauf legen, in differenzierter Weise den verschiedenen Gefühlsnuancen in ihrer musikalischen Ausdrucksform nachzuspüren. Dieses Bemühen treffen wir, wie gespiegelt, noch einmal in der elften Klasse an, und es ist interessant, daß auch in anderen Unterrichtsinhalten diese Spiegelung zu erkennen ist. Wir werden darauf später noch eingehen.

Immer wieder haben wir schon auf Zusammenhänge zwischen dem Musikunterricht und dem Unterricht in anderen Fächern hingewiesen, haben hingewiesen darauf, wie bestimmte seelische Kräfte, die in der Musik zu einem gewissen Zeitpunkt gefordert sind, auch an anderen Unterrichtsinhalten in Mathematik, Grammatik, Eurythmie, Geographie usw. geübt werden sollten. Die Musik kann hierbei, da sie es viel mehr mit den Übprozessen als mit Unterrichtsinhalten zu tun hat, methodisch sogar richtungsweisend sein. Auf jeden Fall sollte der Musiklehrer mit dem Klassenlehrer und den Lehrern der anderen Fachbereiche in ständigem Austausch stehen, das bereichert nicht nur die eigene Arbeit, sondern erweckt auch in den Kindern ein neues Vertrauen einmal in den Organismus Schule, aber auch überhaupt in die Welt, denn es lernt nun immer mehr und mehr wieder erkennen, daß alles in der Welt, was einmal so getrennt erschien, doch in einem höheren Sinn im Zusammenhang steht.

Das spielt nun in der siebten und achten Klasse eine besondere Rolle.

Doch bevor wir darauf eingehen, wollen wir noch einen Blick auf das instrumentale Üben werfen.

8.
Betrachtungen zum instrumentalen Unterricht

Obgleich der Gesang die ursprünglichste und natürlichste Form musikalischen Ausdrucks ist und daher auch in breitem Maße im Musikunterricht, wie auch im morgendlichen «rhythmischen Teil» des sogenannten Hauptunterrichts gepflegt wird, kommt doch auch dem Instrument nicht nur im Konzertleben, sondern ebenso in der Musikpädagogik eine besondere Bedeutung zu.

Einmal erweitert das Instrument die musikalischen Ausdrucksmöglichkeiten gewaltig. Man denke nur an den enormen Stimmumfang der Instrumente, aber auch an ihre verschiedenen charakteristischen Tonansätze und Klangfarben. Auf der anderen Seite kann ich mit dem Bewußtsein besser verfolgen, was ich tue, da das musikalische Geschehen zwar eng verbunden mit dem Menschen, aber außerhalb von ihm verläuft. Der ganze Prozeß von der inneren Ton- oder Melodievorstellung über das sie durchdringende Gefühl bis zum entstandenen Klang auf dem Instrument läßt sich leichter überschauen und kontrollieren als beim Gesang. Die Gefahr, dabei ins rein Technische abzurutschen, ist natürlich gegeben und muß immer wieder sozusagen aus der Sphäre des Gesanglichen heraus gebannt werden.

Wir hatten schon etwas über den Umgang mit Flöten, Leiern und anderen Instrumenten in den unteren Klassen gesagt. An einigen Schulen wird auch innerhalb der Klassen ein instrumentaler Gruppenunterricht, zum Beispiel im Violinspiel, für eine begrenzte Zeit gepflegt.

Nun bietet aber die große Instrumentenfamilie eben durch die verschiedenen Tonansätze, durch die verschiedenen Toncharaktere und Spielweisen der Instrumente eine Möglichkeit, auch auf die verschiedenen Anlagen und Wesenszüge der einzelnen Menschen einzuwirken oder mit ihnen zu korrespondieren.

So gibt es eigentlich für jedes Kind das zu ihm gehörende Instrument, zu dem es sich auch meist hingezogen fühlt. Dadurch eröffnet sich für das Kind noch einmal ein ganz eigener Weg der Entwicklung, der von dem Instrument, aber auch dem gewählten Instrumentallehrer geprägt wird. Im Laufe der Jahre wird sich zeigen, welchen Wert der wöchentliche Einzelunterricht für die Persönlichkeitsentwicklung hat. Für die Arbeit in der Schule geht in jeder Hinsicht eine große Unterstützung von dem sogenannten Privatmusikunterricht aus, die dann am wirksamsten ist, wenn der Instrumentallehrer sich vertraut macht mit den methodischen Besonderheiten der Waldorfschule und deren menschenkundlichem Hintergrund.

Eine Zusammenarbeit zwischen Musiklehrer an der Schule und Instrumentallehrer – sie muß gar nicht viel Zeit beanspruchen, oft reicht die Pause in einer Schulfeier – ist natürlich das Ideale. Eine solche Zusammenarbeit ist an verschiedenen Schulen schon institutionalisiert worden, indem freie Musikschulen gegründet wurden, die auf der Grundlage der anthroposophischen Menschenkunde arbeiten und mit dem Lehrerkollegium der Schule in ständigem Austausch stehen.

Solche Möglichkeiten sollten wahrgenommen werden. In einer Zeit, in der die «akustische Glocke» – wie es Rüdiger Liedtke[31] nennt – immer wieder zum passiven Musikkonsum verführt, bedarf es einer starken Gegenbewegung, um die Persönlichkeitskräfte durch aktives Üben zu entwickeln und dem jungen Menschen den Weg zur Freiheit zu öffnen.

Wenn wir davon gesprochen haben, daß es für jedes Kind das zu ihm gehörende Instrument gibt, so entsteht die Frage: Wie erkennt man diese Beziehung? Wie erkenne ich das zu dem einzelnen Kinde dazugehörige Instrument? Fühlt sich das Kind von selbst zu seinem Instrument hingezogen? Gibt es Kriterien für Eltern und Lehrer in der Frage der Instrumentenwahl? Zweifellos ist das Finden des richtigen Instrumentes für jeden ein ganz individueller und vielschichtiger Prozeß, bei dem am Ende das Kind auch mit Freude dem Instrumentalunterricht entgegensehen soll; dazu kommt noch, daß ein gewisses Vertrauen zu dem Instrumentallehrer entstehen muß, mit dem das Kind nun regelmäßig im Einzelunterricht arbeitet. Trotzdem soll versucht werden, einige Kriterien, die aus der Charakteristik des Instrumentes und menschenkundlichen Aspekten heraus gewonnen werden, hier anzuführen, wohl wissend, daß sie nur als Hinweis dienen können, und die endgültige Wahl noch viel mehr umfassen muß. Dabei gehen wir von der Charakteristik der Orchesterinstrumente aus, wie es Rudolf Steiner im *Tonerlebnis im Menschen*[32] gibt.

Die Wahl des Instrumentes

Zuerst soll noch einmal darauf hingewiesen werden, daß wir das Instrument suchen, das dem Menschen wesensverwandt ist und nicht etwa in der Absicht auszugleichen, das Polare. Es ist ein allgemeiner pädagogischer Grundsatz, daß wir an das anknüpfen, was an Veranlagung, an individuellen Wesenszügen im Kinde vorhanden ist. Die Fülle der möglichen Ausdrucksformen auf einem Instrument löst dann von selbst Einseitigkeiten in der Veranlagung mehr und mehr auf. Das wird im einzelnen noch zu besprechen sein.

Beginnen wir mit der Gattung der Streichinstrumente: Violine, Viola und Violoncello. Wir wissen, daß diese Instrumente ihre höchste Vollendung zur Zeit der großen italienischen Geigenbauer Amati, Stradivari, Guarneri u. a, also mit Beginn des Barockzeitalters erfuhren und in ihrer damaligen Form nahezu unverändert bis heute weitergebaut werden. Erst in diesem Jahrhundert gibt es Ansätze veränderter Formen, zum Beispiel bei den Weidler-Geigen.[33]

Wir haben es hier vorwiegend mit Melodieinstrumenten zu tun, und wir wissen, daß der eigentliche Rhythmus der Melodie der Atemrhythmus ist. Nun ist es hier nicht die Luft, die den Atemstrom hervorbringt, sondern der Bogen.

Im Bogenstrich liegt der Atem der Melodie. Wenn wir berücksichtigen, daß das Kind bis zum neunten Lebensjahr vorwiegend ein Melodieverständnis hat, wird es uns sinnvoll erscheinen, besonders in diesem Alter auf die Bewegung des Bogens das Hauptaugenmerk zu legen, diese aus dem Bildhaften heraus entstehen zu lassen.

Trotz allem aber kann man bemerken, daß der Ton des Streichinstrumentes doch ganz aus der empfindenden Mitte des Menschen gestaltet wird, aus dem Bereich, in dem auch unser Harmonieempfinden wurzelt, und gerade das war ja in der Hochblüte der Geigenbaukunst das vorherrschende musikalische Empfinden.

Ein Kind, das vornehmlich in diesem mittleren Bereich lebt, das zum Beispiel beim Anhören einer Geschichte die verschiedenen Stimmungen ganz innig mit seinen Empfindungen begleitet, wird sich in der Regel zum Streichinstrument hingezogen fühlen, besonders zur Viola, dem mittleren Instrument dieser Gattung.

Lebt in dem Empfindungsbereich schon etwas mehr die Leichtigkeit des Gedanklichen, so lockt die Violine mit den höheren Tönen.

In den tieferen Tonlagen des Violoncellos schlägt das Tonelement stärker an das Physische an. Eine gewisse Liebe zum Praktischen, zum Verwirklichen, kommt bei den Kindern zur Empfindung hinzu, die das Violoncello zu ihrem Instrument wählen.

Betrachten wir ein anderes Melodieinstrument, die Querflöte. Die ganze Art, wie das Instrument gehalten wird, die Leichtigkeit und Beweglichkeit, die dem Flötenspiel eigen ist, läßt schon die Verwandtschaft mit unserem Vorstellungs- und Gedankenleben erkennen. Nun hatten wir schon gesehen, daß die Melodie nie ganz in die Vorstellung hinaufreichen darf, um nicht aus dem Bereich des wahren Musikerlebens herauszufallen. Der Flötist aber braucht zur Tonerzeugung den Atemstrom, und der schließt ihn an seine eigene Mitte an. Man könnte auch sagen: Die Flöte bindet den Kopf an das Herz.

Und so werden Kinder zu diesem Instrument sich hingezogen fühlen, die gern in ihrem Vorstellungs- und Gedankenleben verweilen und es darin zu einer Leichtigkeit und Beweglichkeit bringen, die im Extremfall sogar die Tendenz haben kann, sich zu verselbständigen. Manchmal aber wird die Flöte auch von einem Kinde ergriffen, das sich nach ihrem klaren und schwebenden Ton hinaufsehnt.

Ein ganz anderes Gefühl beim Anblasen vermitteln die Doppelrohrblattinstrumente Oboe und Fagott. Sie setzen dem Atemstrom einen großen Widerstand entgegen, den jeder fühlen kann, der einmal versucht hat, einen Ton auf solch einem Instrument zu erzeugen. Es entsteht eine Art Schwelle zwischen der Aktivität des Spielers und dem erklingenden Ton.

Auch diese Instrumente setzen eine Neigung zur Gedankentätigkeit voraus, aber in mehr distanzierter, betrachtender Form.

Nun fehlt im Reigen der sogenannten Holzblasinstrumente noch die Klarinette, die mit *einem* Rohrblatt auskommt. Sie ist unter ihnen das Instrument mit dem größten Tonumfang. Dabei verändert sich der Klangcharakter, wenn man von den tiefen in die hohen Lagen geht, erheblich, so daß das Klangbild ein sehr farbenreiches ist. Dieser Reichtum wird noch verstärkt durch die differenzierten dynamischen Möglichkeiten. Lange Zeit war die Klarinette als Volksinstrument vor allem in Böhmen und Süddeutschland überall anzutreffen und war bei Hochzeitsfeiern, Taufen, Dorffesten, aber auch Beerdigungen zugegen. Auf das Kind schauend, können wir sagen: Vielfältiger und überraschend schneller Wechsel in den Ausdrucksmöglichkeiten, hinter dem sich das ernste Suchen nach Weltgeheimnissen verbirgt, so wie wir es in extremer Weise beim Clown finden, ist ein Charakteristikum, das auf die Klarinette hindeutet.

Manchmal hat man Kinder in der Klasse, Jungen und Mädchen, etwas untersetzt, gutmütig, und wenn nicht gerade gedankliche Akrobatik verlangt wird, verbreiten sie eine Atmosphäre des «Sich-wohl-Fühlens». Der Stimmumfang erschöpft sich manchmal in fünf Tönen. Dennoch singen sie gern mit, ja, sie hören innerlich auch alles richtig. Das entdeckte ich daran, daß solche Schülerinnen und Schüler, wenn sie zur Trompete oder Posaune griffen, richtig und sauber intonierten.

Es ist ja so, daß der Ton der Trompete oder Posaune stärker gerichtet als bei anderen Instrumenten nach außen dringt, sich aber auf der anderen Seite auch nach innen fortpflanzt. Der ganze Mensch wird sozusagen vom Ton ergriffen. Es scheint so, als ob die Lebenskräfte, die bei den beschriebenen Kindern noch etwas zu stark an den physischen Leib gebunden sind, aus dem so durchklungenen Leib sich leichter lösen könnten. Immerhin brachten es die eben beschriebenen Kinder in den höheren Klassen dann auch zu recht beachtlichen Soloeistungen auf ihrem Instrument. Natürlich ist nicht gemeint, daß ein geringer Stimmumfang die Voraussetzung für das Trompeten- oder Posaunenspiel ist, das wäre ja eine Diffamierung dieser Instrumente. Es ist hier der pädagogisch-therapeutische Aspekt mehr ins Auge gefaßt worden; aber es wird oft eine Konstitutionstendenz vorliegen, die zu dem Wunsch führt, ein Instrument zu spielen, dessen Ton auf die beschriebene Weise im Menschen wirkt. Das Instrument macht oft enorme Entwicklungen möglich.

Anders beim Horn. Obgleich im Tonansatz ähnlich, entwickelt es doch durch die runde Form des Rohres und seinem konischen Verlauf einen ganz anderen Klangcharakter, der eine größere Innigkeit vom Spieler verlangt.

Und das Klavier?

Es ist tatsächlich auf der einen Seite eines der unvollkommensten Instrumente, die wir haben, auf der anderen Seite ein Instrument mit den meisten Möglichkeiten.

Unvollkommen deshalb, weil zwischen dem Spieler und dem erzeugten Ton eine mehrgelenkige Mechanik dazwischengeschaltet ist, die der Spieler miteinbeziehen muß, mehr aber noch deshalb, weil das Instrument selbst keinen Atem hat, damit auch kein echtes Legato, und weil der Spieler den Ton nicht modulieren kann; fis und ges sind wirklich die gleiche Taste, ich spiele starr temperiert. Dennoch kommt es nicht nur bei Schönberg, sondern auch schon bei Beethoven vor, daß vom Spieler ein cresc. auf einem Ton oder einem Akkord verlangt wird, d. h, daß dem Spieler etwas abverlangt wird, was das Instrument selbst nicht hergibt. Das gilt aber für dieses Instrument im allgemeinen. Höre ich zum Beispiel auf dem Klavier eine wunderbare Legato-Melodie, so deshalb, weil der Spieler selbst die Atemspannung von Ton zu Ton und über die ganze Phrase hinweg erzeugt, was sich in feinsten Anschlagsdifferenzierungen niederschlägt. Gerade der Klavierspieler wird in besonderem Maße die Bewegung zwischen den Tönen empfinden und so das Instrument ergänzen und erst zum wahren Instrument machen.

Das heißt aber, daß der, der das Klavier zu seinem Instrument machen möchte, einen starken musikalischen Gestaltungswillen in sich tragen muß, sozusagen einen Überschuß an musikalischen Kräften. Häufig zeigt sich das darin, daß die Kinder zweite Stimmen zu bekannten Liedern erfinden oder Akkorde aneinanderreihen, eigentlich immer auch selbst zum Komponieren aufgelegt sind. Die Veröffentlichungen von Prof. Peter Heilbut[34] zeigen in schönster Weise, wie Klavierspiel und Komposition im Unterricht zu einer Einheit verschmelzen können. Wird auf diese Voraussetzungen nicht geachtet, so wird man vielfach erleben, daß Kinder schon nach zwei bis drei Jahren mit dem Klavierspiel wieder aufhören.

Geschickt ist es immer, wenn neben dem Klavier noch ein Melodieinstrument erlernt, zumindest aber Gesang, vor allem Chorgesang, gepflegt wird.

Immer öfter äußern heute Kinder den Wunsch, Schlagzeug zu spielen. Nun muß man sich als Lehrer klarmachen, daß bei den Percussionsinstrumenten auf der einen Seite eine gesteigerte wache

Aufmerksamkeit gefordert wird, während auf der anderen Seite der taktmäßige Rhythmus sehr stark in die Glieder schießt. Der Schlagzeugspieler kann nicht so sehr aus dem mittleren Bereich, dem des Harmonieempfindens heraus gestalten, wird aber gerade dies mit den anderen Spielern intensiv mitempfinden. Im Orchester ist der Percussionsspieler fast wie ein zweiter Dirigent, der sehr fein auf kleine Schwankungen im rhythmischen Verlauf reagiert.

Daher ist es gut, wenn derjenige, der Schlagzeug spielen möchte, zuerst einmal ein Harmonieinstrument lernt, um später im Ensemble den ganzen musikalischen Verlauf mitverfolgen und mitgestalten zu können. Es wird sich dann oft auch entscheiden, ob das ein echter Wunsch war, oder ob nur die Faszination, die zum Beispiel beim Anschauen einer Fernsehsendung entstand, den Ausschlag gab.

Auch wenn das Instrument richtig gewählt war, auch wenn die Schülerin oder der Schüler den Instrumentallehrer schätzt, kommt es doch öfter zu Krisen, die sich darin äußern, daß die Lust am Spiel des Instrumentes und damit das Üben nachläßt oder ganz unterbleibt. Solche Krisen treten meist in dem Zeitraum zwischen dem zwölften und sechzehnten Lebensjahr auf. In der Zeit der Erdenreife wehrt sich der junge Mensch ohnehin gegen vieles, was ihn bisher von außen geführt hat. Der Entschluß zu seinem Instrument muß sozusagen noch einmal von innen heraus neu geboren werden. Das braucht etwas Zeit. Man kann als Lehrer, aber hauptsächlich als Eltern helfen, indem man eine Art Vertrag macht, der die neuen eigenen Wünsche, zum Beispiel Reiten oder Tennisspielen, berücksichtigt, aber die Bedingung daran knüpft, daß ein Minimum an Übzeit beibehalten wird. Die jungen Menschen sind dann oft dankbar, wenn sie nach ein bis zwei Jahren die ganze Freude an ihrem Instrument zurückgewonnen haben.

Nicht alle Instrumente sind in dieser Darstellung berücksichtigt worden. Die Betrachtung und Einordnung nicht erwähnter Instrumente, wie zum Beispiel Orgel, Harfe, Leier als Konzertinstrument, oder klassische Gitarre, sei dem Leser überlassen. Er wird ohnehin sicher noch weitere Gesichtspunkte für die Charakterisierung der Instrumente und ihre Zuordnung zum Menschen finden.

Über das, was die Gitarre unter einem sehr speziellen Gesichtspunkt in einem bestimmten Lebensalter bedeuten kann, werden wir im folgenden Kapitel sprechen.

9.
Die Zeit der Erdenreife

Musikunterricht in der siebenten und achten Klasse

Wir hatten gesehen, daß in der sechsten Klasse das musikalische Erlebnis sich vorwiegend auf die Mitte des Menschen konzentriert, dort, wo Melodie und Rhythmus mehr an das harmonische Erleben gebunden sind und wo im Ein- und Ausatmen der Seele in der Durchdringung von Dur- und Moll-Elementen eine reiche «Gefühlslandschaft» entsteht.

Im Verlauf der siebten Klasse tritt nun eine Veränderung ein. Sie hängt damit zusammen, daß jetzt das Muskelsystem sich stärker an die Dynamik des Skelettes anpaßt.[35] Während sich das in anderen Fachbereichen in dem Bedürfnis nach Verständnis des Mechanischen oder Mineralisch-Chemischen äußert, führt es in der Musik zum gesteigerten Interesse am Taktlich-Rhythmischen, auf der anderen Seite aber auch zu einer Bewunderung des Artistischen. Es ist schon gut, wenn es der Lehrer, welcher Schülerinnen und Schüler dieses Alters unterrichtet, auf irgendeinem Gebiet, sei es im Jonglieren oder anderen sportlichen Disziplinen, der Musiklehrer zum Beispiel auf einem Instrument, zu gewissen artistischen Leistungen gebracht hat. Er wird in der Achtung seiner Zöglinge steigen und sie zu Anstrengungen in dieser Richtung animieren. Im elften und zwölften Kapitel werden wir verschiedene Beispiele dazu bringen. In der Folklore wird man jetzt Lieder bevorzugen, in denen das Taktlich-Rhythmische eine größere Rolle spielt (wie zum Beispiel in südamerikanischer Folklore).

Durch den nun einsetzenden Stimmwechsel bei Jungen (bei den Mädchen tritt etwas ähnliches nur in Form einer feinen Klangfarbenveränderung auf) kann man nicht mehr so ohne weiteres dreistimmige Liedsätze weitersingen. Man wird eine Zeitlang wieder einstimmig singen, natürlich mit Begleitung der Gitarre, des Klavieres oder anderer Instrumente. Wenn wir unser Augenmerk auf weitere leiblich-seelische Entwicklungsprozesse in diesem Alter richten, bietet sich dafür verschiedenes an. Darauf kommen wir später zurück.

Durch die vorhin geschilderte veränderte Beziehung des Muskels zum Knochensystem wird auch das Gefühlsleben jetzt stärker an das Leibliche gebunden. Zu gleicher Zeit wird es aber ein ganz individuelles. Und in diesem nun individuell gewordenen Gefühlsleben tauchen, mehr ahnungsweise als bewußt, noch einmal die individuellen Lebensziele auf, wie aus dem Vorgeburtlichen hereingerufen. Wie gesagt, sie tauchen als Ahnungen auf, kaum greifbar, nicht exakt beschreibbar, und der junge Mensch äußert sich auch nicht gern darüber, denn das alles spielt sich im Inneren, man könnte fast sagen im «Allerheiligsten» ab, das weitgehend verschlossen bleibt, und die typischen Verhaltensweisen in diesem Alter sind mehr oder weniger ein Schutzwall um diese innere Sphäre.

Wie aber reagiert nun der Lehrer auf diese Situation? Obgleich er weiß, daß er jene innere, individuelle Sphäre nicht berühren darf, wird er versuchen, Fragen zu formulieren, die jetzt im jungen Menschen entstehen und die mit den Zukunftszielen der Menschheit zusammenhängen, und er wird das gegenwärtige Ringen der Menschheit um die tiefsten menschlichen Fragen mit in den Unterricht einbeziehen.

So interessieren jetzt auch Lieder, deren Texte sich mit solchen Fragen befassen. Teils findet man solche Lieder noch aus der Zeit des Aufbruchs der Jugend im Anfang dieses Jahrhunderts, teils auch aus heutiger Zeit.

Es interessieren Lieder der Schwarzen in Amerika, es interessiert zum Beispiel das Lied der Moorsoldaten aus den KZ's des Dritten Reiches und so weiter.

Besonders beliebt sind Lieder in Moll, die, wie wir gesehen haben, das Seelische dem Leiblichen zugewandter erleben lassen. Der Mollklang vermittelt dem jungen Menschen das Gefühl, daß die Musik wirklich an sein Inneres anklingt. Und es kommt diesem Erlebnis ein Instrument entgegen, das der junge Mensch in diesem Alter sich gleichsam einverleibt: die Gitarre.

Die Konzertgitarristen mögen verzeihen, ich weiß, das ist nur eine Seite und nicht die differenzierteste der Gitarre, Akkordinstrument zu sein, aber in dem hier besprochenen Alter spielt gerade diese Seite für den Jugendlichen eine große Rolle. Man beobachte, was der eben gelernte Griff eines Molldreiklanges auf der Gitarre in einem jungen Menschen bewirken kann. Es gibt durchaus geglückte Versuche, eine ganze achte Klasse mit Gitarren auszurüsten und Begleitungen zu folkloristischen Liedern und Gesängen zu spielen.

Auf Klassenfahrt sollte man auf jeden Fall im entsprechenden Alter immer einige dieser Instrumente dabeihaben. Das löst manches Freizeitproblem.

Die zweite Reaktion des Lehrers auf die oben beschriebene Lebenssituation ist in der Beschäftigung mit Biographien verschiedener Persönlichkeiten zu suchen. In dem Ringen dieser Persönlichkeiten um die Verwirklichung ihrer Lebensziele, in den Enttäuschungen, Hoffnungen, Überwindungen erlebt der junge Mensch sich selbst. In diesem Spiegel kann der Lehrer ihm etwas zeigen, was mit seinem Inneren zusammenhängt. So werden jetzt auch gern Balladen gesungen, die besondere Schicksalsmomente beschreiben, Balladen von Carl Loewe, Fr. Schubert, R. Schumann u. a. In der Ballade vom *Prinzen Eugen* (Carl Loewe) zum Beispiel kann der junge Mensch eine Verwandtschaft zu dem Trompeter entdecken, dem immer Einsamen, der keiner Gruppe angehört, und dem es einmal gelingt, mit seinem Reiterlied die Aufmerksamkeit und schließlich die Begeisterung aller anderen zu erwecken. In der Ballade *Der Pilgrim von St. Just* (Carl Loewe) bewegt die jungen Menschen zusammen mit Karl V. die Frage: Was bleibt, wenn äußere Macht und äußerer Glanz verschwinden?

Auch der *Erlkönig* wird sowohl in der Schubertschen Fassung wie auch in der von Carl Loewe geliebt. Hier ist es die Todesschwelle, die eine besondere Stimmung hervorruft, weil man selbst in einer gewissen Weise in ein neues Verhältnis zum Tod tritt. Doch davon später.

Die besondere Bedeutung der Biographie kann man sich nun zunutze machen, wenn man an die von Rudolf Steiner gestellte Aufgabe herangeht, jetzt das musikalische Urteil anhand der verschiedenen Stilepochen zu bilden.[36]

Bei den großen Persönlichkeiten, um die es hier geht, drückt sich in der Biographie auch immer etwas Symptomatisches ihrer Zeit aus, und alles das spiegelt sich in den musikalischen Ausdrucksmitteln.

Beethovens Leben und Werk ist dafür ein hervorragendes Beispiel.

Die Geburt des freien, selbstverantwortlichen, unabhängigen «Ich» wird keimhaft veranlagt um die Wende vom 18. zum 19. Jahrhundert und zeigt sich in den verschiedensten dramatischen Ereignissen dieser Zeit wie auch in der Philosophie eines Johann Gottlieb Fichte, tritt aber bei Beethoven in einer besonders deutlichen Form zutage. In seiner Musik finden wir typische Wendungen, die man als Ausdruck der neu errungenen Selbständigkeit sehen kann, so zum Beispiel das Versetzen eines Tones in eine entfernte Tonart oder den ergreifenden Übergang von F-Dur nach H-Dur, der durch die Umdeutung des Dominant-Septakkordes möglich wird,[37]

wie auch das Ringen des Individuums, das sich in den schroffen Gegensätzen ausdrückt, die manchmal, wie es P. M. Riehm ausdrückt, bis zur Vernichtung der These, die als Thema erscheint, gehen.

Gelingt es, die Korrespondenz zum Schicksalsringen Beethovens erlebbar zu machen, so wird man starke Gefühle wecken. Im Gefühl aber finden wir den eigentlichen Ursprung des Urteils.

Interessant war es für mich, daß, bei Debussy angekommen, die Schülerinnen und Schüler immer wieder etwas von diesem Komponisten hören wollten. Die von der Funktionsharmonie sich lösenden Klangfarben begeisterten sie. Auf der Oberstufe haben wir das dann wieder aufgegriffen.

Indem wir die Brücke schlagen von der Zeitsituation über die Biographie zu den musikalischen Ausdrucksmitteln, berühren wir etwas, was Rudolf Steiner mit Oktavstimmung bezeichnet und was für uns heute noch schwer greifbar ist:

«Und indem man ebenso allgemein, wie man eine Septime, eine Quinte, Terzen verwendet, dann Oktaven mitverwendet – die heutige Verwendung ist noch nicht diese –, wird das auftreten als eine neue Art, das Dasein Gottes zu beweisen. Denn das wird das Oktaverlebnis sein. Man wird sich sagen: Wenn ich mein Ich einmal so erlebe, wie es auf der Erde ist, in der Prim, und es dann noch einmal erlebe, wie es im Geiste ist, dann ist das der innere Beweis vom Dasein Gottes.»[37a]

Und etwas später:

«Soweit wir es können nach unserem gegenwärtigen Musikbestande, ist es notwendig, daß man um das zwölfte Lebensjahr versucht, das Oktavenverständnis zu fördern.»[37a]

Man mag denken, das sei wohl noch sehr ferne, und doch tritt so etwas heute schon öfter ein als man denkt. Dazu ein kleines Beispiel:

Ein Kollege von mir hatte in seiner achten Klasse einen Jungen, der überzeugt davon war, daß er Atheist sei und der das auch freimütig den Religionslehrern kundtat. Die Epoche über Ernährungslehre richtete dieser Kollege so ein, daß er erst einmal etwa eine Woche lang die Vorgänge in der Atmosphäre beschrieb, insbesondere alles das, was dabei mit dem Wasser geschieht: die Verdunstung, wie dabei das Wasser substantiell immer feiner und feiner wird mit der Tendenz zum ganz feinen Gasförmigen, wie es aber dann wieder kondensiert und als Regen nun der Erde die Fruchtbarkeit bringt.

In der Ernährungslehre tauchten nun ähnliche Prozesse auf: Die aufgenommene Nahrung wird aufgelöst, wird substantiell immer feiner und feiner, bis sie dann, umgewandelt, die menschliche Substanz aufbauen kann. Nun war es in dieser Klasse üblich, daß am Ende einer Epoche jede Schülerin und jeder Schüler einen kleinen Aufsatz schrieb über das Thema: «Was mir in dieser Epoche besonders gefallen hat.» Bei der Durchsicht der Hefte entdeckte der Kollege einen Aufsatz, der nur aus einem Satz bestand. Es war das Heft des eingangs erwähnten, jungen «Atheisten». Da stand: «In dieser Epoche habe ich gelernt, daß der HERR existiert.»

War das vielleicht ein solches Oktaverlebnis? Das, was da in der Epoche besprochen wurde, war in Form einer Oktave, sozusagen auf zwei Ebenen behandelt worden, und man konnte die Evidenz fühlen. Es wird zunehmend Aufgabe des Lehrers sein, auf solche Erlebnismöglichkeiten mehr und mehr das Augenmerk zu richten.

Nun ergibt sich die Frage: Ja, wie kommen wir denn da im Musikalischen heran?

Man wird natürlich Beispiele in der Literatur finden, in denen die Oktave zwei identische Ereignisse, die sich aber auf verschiedenen Ebenen abspielen, verbindet. In dem Lied *Die Krähe* aus der *Winterreise* von Franz Schubert stellt sich das so dar: Beide, der Wanderer und die Krähe, haben das gleiche Ziel, und auch wenn es für jeden eine andere Bedeutung hat, verbindet sie etwas wie ein gemeinsamer Weg. Die Melodie durchmißt zu Anfang die Oktave, aber mehrmals taucht sie auch in reiner Form auf.

Wie gesagt, ähnliche Beispiele wird man öfter entdecken, aber sie vermitteln noch nicht das zukünftige Oktaverlebnis, von dem Rudolf Steiner spricht. Viel existentieller wird dieses sein. Auch die typische Oktave, mit der manche russische Lieder abschließen und die das besondere hat, daß man sie sozusagen *allein* singt, kann auch nur keimhaft auf ein solches Erleben hindeuten.

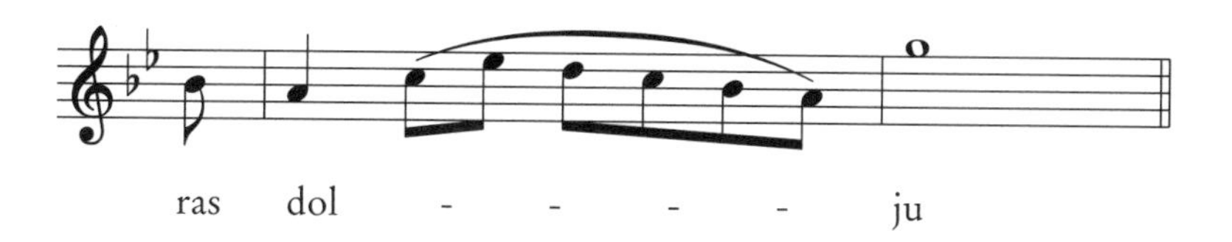

Man wird aber, wie schon angedeutet, erleben, daß die Jugendlichen, von denen hier die Rede ist, sich hingezogen fühlen zu septim- und sekundgefärbten Klängen. Kommen wir vielleicht auf diesem Wege dem Oktaverlebnis näher? (Das Studium des Kapitels über die Musik im 11. Vortrag des Zyklus *Initiatenbewußtsein* von Rudolf Steiner könnte uns darin bestätigen.)

Noch bieten Tonart und Grundton Halt. Aber die hinzutretenden Farbintervalle lösen die Funktionsharmonik langsam auf.

Übungen, die das erfahrbar machen, findet der Leser in dem 13. Kapitel.

In der Chor-Literatur wird man geeignete Sätze bei Riehm, Knigge und anderen finden oder man greift auf Gospel-Songs und Spirituals zurück, von denen man gute Ausgaben findet, oder versucht sich an der Kantate *Oh, ihr Unglücklichen* nach einem Text von Berthold Brecht vom Verfasser.

Auf jeden Fall, und darüber hatten wir auch schon gesprochen, sollten wir im Unterricht versuchen, den Schülerinnen und Schülern zu zeigen, wie die großen geistigen Gesetzmäßigkeiten sich in den kleinsten irdischen Begebenheiten spiegeln. Dann unterrichten wir in Oktavstimmung.

Das Gewahrwerden des Skelettes, des Knochenmenschen in sich, bringt nun auch noch ein verändertes Verhältnis zum Tod mit sich.

Das ist neu. Den Unterschied möchte ich an einem kleinen Beispiel schildern, das ich noch von Dr. Lehrs[38] erfahren habe.

«Ein Vater holt seine siebenjährige Tochter aus der Waldorfschule ab. Zu spät entdeckt er, während sie den Flur entlang gehen, daß da ein Lehrer versehentlich ein menschliches Skelett vor einer Klassentür stehengelassen hat. Rasch will er mit dem Kind vorbei, aber die Tochter zieht ihn zurück: ‹Papa, was ist denn das?› – Wer fände jetzt für ein siebenjähriges Töchterchen die geeignete Antwort? – Der Vater versucht es so: ‹Ach, weißt du, das haben wir Menschen alle in uns drin.› Den Vater und das Skelett musternd, antwortet das Kind mit entwaffnender Sicherheit: ‹Du vielleicht, aber Mama nicht!›»

Das ist noch imaginative Weltanschauung, imaginatives Weltempfinden. Könnte man treffender den Unterschied zwischen männlicher und weiblicher Inkarnation charakterisieren als dieses kleine Mädchen?

In der Zeit der Erdenreife aber fühlt man die Todeskräfte in sich, aber man fühlt sich auch von ihnen angezogen, sind es doch auch Todesprozesse, die das Bewußtsein erwecken.

Die jungen Menschen gehen mit ihrer Gesundheit robust um, und sie haben von Natur aus nicht viel für Menschen übrig, die wehleidig sind und sich schonen müssen (wenn es sich nicht um echte Krankheiten handelt). Der Lehrer, der Gefahren nicht scheut, ist gerade richtig.

Und die Schüler singen gern Lieder über den Tod, zum Beispiel *Flandern in Not, Es ist ein Schnitter …, Das Weinlaub wird schon rot, Dies irae* und so weiter.

Vieles kommt in diesem Alter der Erdenreife zusammen. Wenn man als Lehrer darum weiß und selbst verantwortlich im Ringen der Zeit steht, wird man Ansatzpunkte für den Unterricht finden, jedes Jahr wieder neue. Wichtig ist, daß die Schülerinnen und Schüler ahnen, welche Aufgaben in unserer Zeit auf sie warten, daß sie an Grenzsituationen geführt werden, und daß sie selbst tätig werden in verschiedensten Projekten: Nur keine Langeweile aufkommen lassen.

Meist hat man am Ende der achten Klasse schon einige eindeutige Bässe und kann nun vierstimmig beziehungsweise dreistimmig gemischt singen. Man verzichte lieber auf Tenöre und lasse die Stimme im sogenannten Stimmbruch erst einmal ihre tiefe Lage finden. Tenöre sind keine «hängengebliebenen Bässe»! Die hohen Männerstimmen werden sich später herausbilden. Am besten eignen sich natürlich Liedsätze mit einer einfachen Baßlinie oder noch besser mit c. f. im Baß, wie in Knigges *Wir wandern in den Herbst hinein* oder *Wenn der Ochsenwagen ...* – das erleichtert den Einstieg in die neue Stimmlage.

Manchmal ist man erstaunt, welche Wirkungen scheinbar harmlose Übungen haben. Man läßt zum Beispiel die Jungen von c an aufwärts bis c' singen, die Mädchen von c" abwärts bis c' in der normalen Dur-Skala. Jetzt singen beide den *gleichen* Ton, der aber subjektiv ganz verschieden empfunden wird. Während es für die Jungen ein *hoher* Ton ist, der eine gewisse Spannung benötigt, singen die Mädchen entspannt einen *tiefen* Ton. Nun läßt man die Mädchen wieder aufwärts singen, und die Jungen dürfen versuchen, wie weit sie mitkommen. Wiederum läßt man die Jungen abwärts singen, und die Mädchen versuchen, wie weit sie sich mit in die Tiefe bewegen können. In dieser kleinen Übung wird den Jugendlichen deutlich und vielleicht zum ersten Mal bewußt, wie verschieden Mann und Frau in ihre Leiblichkeit inkarniert sind. Auf der einen Seite erleben sie die Leichtigkeit der weiblichen Stimme in der Höhe, wenig belastet von leiblicher Schwere, und auf der anderen Seite die kraftvolle, aber auch mehr der Schwere zuneigende, tiefe Stimme der Bässe. Wie fühlt man sich in einer Seele, die auf diese oder jene Weise mit dem Leib verbunden ist, und welche Möglichkeiten ergeben sich daraus?

Vieles wird dadurch angeregt, was Bedeutung im sozialen Leben, in der Begegnung von Mensch zu Mensch hat.

10.
Improvisationsübungen in den ersten acht Schuljahren

Es war im Jahre 1956. Ich war Student der Kirchenmusik in Berlin. Jeden Sonntagmorgen fuhr ich von Berlin-Spandau nach Kladow, um dort die Orgel zu spielen und den Chor zu leiten. Auf der langen Busfahrt hatte ich Zeit, die Noten der Orgelstücke zu studieren, die ich im Gottesdienst spielen wollte. Fast jeden Sonntag kontrollierte derselbe Busschaffner – die gab es damals noch – meine Fahrkarte. Eines Sonntags auf der Heimfahrt – der Bus war ziemlich leer – blieb jener Schaffner bei mir stehen, schaute mich an und mit den Worten: «Ick muß Sie mal wat fragn», worauf ich erstaunt «Ja, bitte» antwortete, begann folgendes Gespräch:

«Ick seh Sie da fast jedn Sonntach mit de Noten sitzn, wat machn Sie'n da?»

«Ich lese mir die Orgelstücke durch, die ich in der Kirche spielen möchte.»

«Da ham' Se fünf Linjen un' denn nochmal fünf und nochmal fünf und eene Klammer drum –?»

«Ja, das obere System spiele ich mit der rechten Hand, das mittlere meist mit der linken und das untere mit den Füßen auf dem Orgelpedal.»

«Un' det spiel'n Se allet mit eenmal zesamm?»

«Ja!»

«Un' wenn Se det nu lesen, lesen Se det ooch allet zesamm?»

«Ja, sicher, es klingt ja auch zusammen.»

«Seh'n Se, det kapier'ck nich! Ick vasteh ja nischt von Musik, un ick kann ooch keene Noten, aba ick hab mir immer jefracht: Wie macht'n der det? Un denn hab ick mir zehause mal een Buch jenomm un hab vasucht, drei Zeiln uff eenmal zu lesn. Jlohm'Sie, ick hab' et nich geschafft!»

«Das ist auch nicht möglich, denn in einem Buch ergibt nur das einen Sinn, was hintereinander steht, also waagerecht gelesen wird, während in der Musik auch das einen Sinn gibt, was untereinander steht, was man dann als Harmonie oder Klang liest und hört.»

«Seh'n Se, det muß'et sin.»

Dieses Gespräch hat mich lange begleitet. Dieser Berliner Omnibusschaffner, ein echter Forschergeist, dem ich hier noch einmal ein Denkmal setzen möchte, hatte in kurzer Zeit das Wesen der mehrstimmigen Musik in ihrer Durchdringung von Melodie- und Harmonieelementen begriffen und zugleich auch einen konkreten Eindruck meiner Tätigkeit gewonnen.

Wodurch war ihm das möglich? Dadurch, daß er im Erkennen tätig geworden ist und, soweit es ihm möglich war, das Beobachtete selbst nachvollzogen hat.

Die Welt und auch die Menschen können wir nur wirklich verstehen, wenn wir das, was wir in ihr oder an ihnen beobachten, innerlich nachvollziehen. Es ist dies der goetheanistische Weg der Erkenntnis. Und auf dem Gebiet des Lebendigen, des Menschseins oder des Geistigen können wir *nur* auf diese Weise zu wirklicher Erkenntnis gelangen. Und da es in unserer Zeit, d. h. der Zeit, die mit dem 20. Jahrhundert begonnen hat, gerade auf diese letztgenannten Erkenntnisse ankommt, wird es in der Pädagogik darum gehen, die Voraussetzungen zu einem aktiven, tätigen Erkennen zu schaffen und die dazu nötigen Willenskräfte wachzurufen. In einer Zeit, in der gerade diese Willenskräfte einer gewaltigen Medienindustrie zum Opfer zu fallen drohen, sollte auf eine solche Schulung besonderer Wert gelegt werden.

Rüdiger Liedtke spricht es am Ende seines Buches *Die Vertreibung der Stille* in aller Schlichtheit so aus:

«Eltern sollten darauf dringen, daß ihre Kinder wieder ein Musikinstrument erlernen. Wir hatten ja gehört, daß Kinder in ihrer Entwicklung Musik brauchen, daß Musik eine ungeheuere erzieherische und therapeutische Wirkung ausüben kann. Sie ist ein Schlüsselerlebnis in jeder Entwicklungsphase, das sorgfältig gestaltet werden sollte. Wenn das Kind nicht frühzeitig an Musik herangeführt wird, hat es in späteren Jahren um so stärker mit der akustischen Glocke zu kämpfen.»

So soll nun in diesem Kapitel versucht werden, alles Musikalische schöpferisch gestaltend und nachgestaltend erleben zu lassen, um damit nicht nur die Musik besser zu verstehen, sondern auch das

Verhältnis von Mensch und Welt, das in der Musik zum Ausdruck kommt. Zum anderen werden besonders in der improvisatorisch selbst gestalteten Musik die sozialen Fähigkeiten in ganz besonderer Weise entwickelt. Es lassen sich zwar viele gute soziale Ideen entwerfen, die Fähigkeiten zu ihrer Verwirklichung werden aber insbesondere in der Eurythmie, der Musik und dem Schauspiel erübt.

Daß es sich bei diesen Improvisationsübungen bis hin zur freien Improvisation nicht um dilettantische oder gesetzlose Aktionen handelt, sondern vielmehr um das tätige Begreifen und Gestalten musikalischer Gesetzmäßigkeiten, hoffe ich zeigen zu können.

Als Instrumente habe ich vorzugsweise Metallophone und Xylophone benutzt, weil sie leicht spielbar und gut überschaubar sind, so daß auf ihnen auch die Grundzüge der Harmonielehre und des Kontrapunkts studiert werden können. Natürlich kommen auch Pauken, Trommeln, Triangeln, Klanghölzer, Bongos usw. hinzu, wie sie auch schon Carl Orff eingeführt hat.

Selbstverständlich sind alle anderen Instrumente, die gut beherrscht werden, später einsetzbar.

Auch in diesem Kapitel werden wir die Übungen mit Bezug auf das besondere Entwicklungsstadium des Kindes auswählen und die seinem Alter entsprechenden Fähigkeiten daran zu entwickeln trachten.

So beginnen wir wieder mit den ersten Schuljahren.

Wie wir schon gezeigt haben, wirkt in den ersten Schuljahren, wenn auch langsam abklingend, noch immer die Fähigkeit der Nachahmung. Wir werden also Nachahmbares anbieten. Echo-Übungen sind sehr beliebt, besonders, wenn die Quelle des Echos unsichtbar bleibt, so, wie wir es schon im ersten Kapitel geschildert haben.

Wir hatten andererseits gesehen, daß für das Kind vor dem neunten Lebensjahr noch alles Einheit ist: Melodie, Text, Bewegung und das, was die Instrumente tun, alles fließt in einem Bild zusammen und wir bemühen uns darum, daß alles im Bild stimmig ist.

Wir können hier also noch nicht Melodie oder Rhythmus emanzipieren. Insofern müssen wir deutlich unterscheiden zwischen Improvisationsformen nach dem neunten Lebensjahr und solchen vor dem neunten Lebensjahr.

Wie wichtig es ist, in der ersten und zweiten Klasse auf die Art und Weise, auf die Geste zu achten, in der ein Ton auf dem Klangstab, auf

Becken oder Triangel angeschlagen oder auf der Flöte angeblasen wird, das hatten wir auch schon im ersten Kapitel erwähnt. An dieser Stelle sei auch auf die Instrumente von Manfred Bleffert mit ihren besonderen Klangeigenschaften hingewiesen.[39]

Langsam emanzipieren sich kleine, melodische Motive, die aber immer noch ans Bild gebunden sind. Alles, was geschieht, hat im besten Sinne den Charakter eines Spieles, allerdings von hoher künstlerischer Qualität.

Nun wird man heute oft bemerken, daß bestimmte Fähigkeiten, die das Spiel erfordert, zum Beispiel elementare soziale Fähigkeiten oder eine gewisse Beherrschung der unteren Sinne, besonders des Gleichgewichts und des Bewegungssinnes, zu wenig ausgebildet sind, da die vielen Kinderspiele, die früher Allgemeingut waren, mehr oder weniger ausgestorben sind. Angeregt durch den schwedischen Musikpädagogen Pär Ahlbom haben insbesondere die Musiklehrer an der Waldorfschule in Bochum-Wattenscheid eine Menge Übungen und Spiele entwickelt, die in sorgfältiger Weise auf die Entwicklung solcher Fähigkeiten eingerichtet sind. So etwas wirkt in das ganze soziale Leben einer Schule hinein.[40]

Wenden wir uns nun dem Lebensalter nach dem neunten Lebensjahr zu.

Wir erinnern uns, was wir im vierten Kapitel über das neue Mensch-Welt-Verhältnis gesagt haben, über die Möglichkeit, Rhythmus von Melodie zu emanzipieren, über das neue Grundton- und Ordnungsempfinden innerhalb der Skala und innerhalb des Rhythmus.

Jetzt können kleine, auf den Grundton bezogene Melodien improvisiert werden: Ein Schüler spielt die Quinte c-g in einem bestimmten Rhythmus,

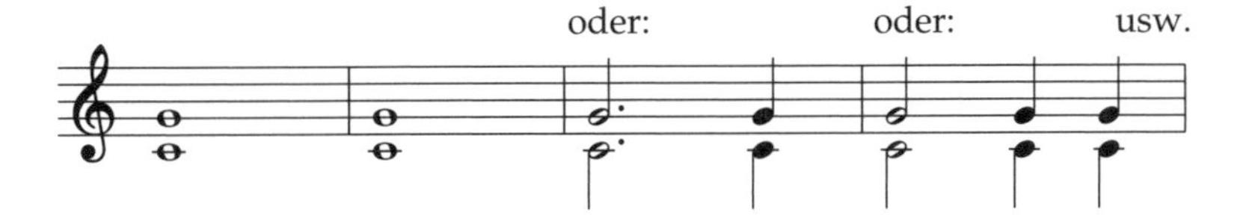

ein anderer improvisiert zu diesem Bordun eine Melodie. Über Gesetzmäßigkeiten innerhalb der Melodie haben wir bereits gesprochen. Jetzt aber ist sie grundtonbezogen. Und nun bemerken die

Kinder, daß es Töne gibt, die zur Bordunquinte in einem Spannungsverhältnis stehen (d f a h) und andere, die mit ihr harmonieren (c, e g). Jetzt können sie versuchen, eine gut aufgebaute Melodie zu finden, die zunächst viel Spannung in sich trägt, die aber dann am Schluß zur Ruhe kommt. Mehr und mehr wird Wert darauf gelegt, daß sich die Melodie in ihrer rhythmischen Form möglichst von dem Rhythmus der begleitenden Quinte emanzipiert:

Dann kann man versuchen, kleine Motive zu finden, die sich auf verschiedenen Tonstufen wiederholen.

Ganz von selbst entstehen hierbei Vier- und Achttaktperioden, und es wird von den Zuhörern wahrgenommen, ob etwas fehlt oder zuviel war. Das Empfinden dafür, das dem nun sich einstellenden Verhältnis von 1:4 zwischen Atem und Puls im Kinde entspringt, ist ein sicherer Maßstab, und wenn der Lehrer neben die verkürzte oder überzogene Version eine in der Viertaktperiode stehende stellt, wird es allen deutlich. Man möge dieses Empfinden nicht etwa durch Abzählen stören.

Nun kann man einige harmonische Vorübungen machen:

Ein Kind spielt als Baßtöne c oder g. Und es begleitet mit diesen beiden Tönen die Melodie, die auf einem anderen Instrument gespielt wird. Die Aufgabe ist, herauszufinden, welcher Baßton in einem bestimmten Augenblick besser paßt, während das andere Kind aufgefordert ist, beim Bilden der Melodie auf den Wechsel der Begleittöne zu reagieren:

Auf diese Weise wird ein Gefühl für Tonika und Dominante auf beiden Seiten erweckt. Ist die Melodie zuende geführt worden, werden noch im Strom des Musizierens die Rollen getauscht.

Jetzt kann man versuchen, Melodien aus Vorder- und Nachsatz zu bilden. Der eine Spieler spielt den Vordersatz, der andere den Nachsatz:

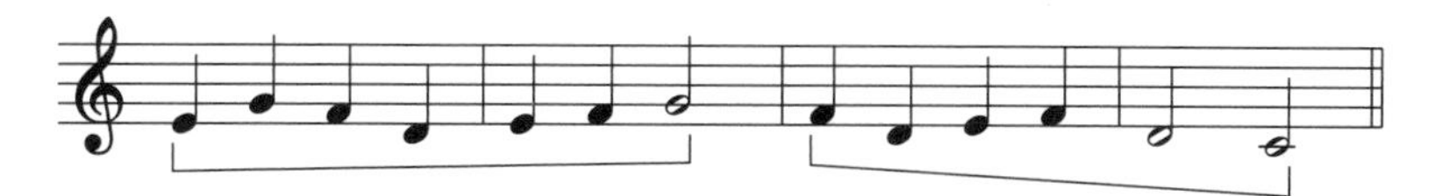

Jetzt dehnt man die Sache auf die doppelte Länge aus:

Nun kann man das, was man durch die rhythmische Einteilung der Notenwerte gelernt hat, miteinbeziehen:

Ein Spieler schlägt Ganze auf einer Pauke, ein anderer gliedert den Takt mit dem Spiel auf Klanghölzern; der Melodiespieler versucht nun, eine Melodie zu bilden, die in ihrem Rhythmus davon sich möglichst deutlich absetzt:

Gegen Ende der vierten, Anfang der fünften Klasse kann man diese Übungen dadurch erweitern, daß man die Bordunquinte «atmen» läßt. Man erweitert sie zur Sext oder verengt sie zur Quart:

Dadurch entstehen Vorformen der Kadenz. Die Sexte wirkt subdominantig und die Quart ersetzt eher die Dominante.

Derjenige, der jetzt die «Begleitung» spielt, versucht, die Sext und die Quart an geeigneten Stellen einzusetzen, und wiederum reagiert die Melodie auf einen Wechsel in der Begleitung. Die Übungen macht man am besten so, daß die Aufgaben der beiden Spieler nahtlos gewechselt werden.

Man kann die Übung auch zu dritt machen, indem zwei Melodiespieler alternieren, wobei auch kleine Überschneidungen vorkommen können.

Nun kann man das Ganze in eine definierte Form hineinbringen und kleine Tänze, zum Beispiel Menuette, improvisieren – wobei man etwa das Tempo eines Menuetts dadurch charakterisiert, daß es «die Großmutter gerade noch tanzen kann».

Auch kann man solche Tänze einmal einstimmig zu Hause aufschreiben lassen und der Lehrer stellt an den Melodien fest, wie weit die harmonische Zuordnung schon gehört wird. Oft ist das schon sehr ausgeprägt und die Kinder freuen sich natürlich, wenn der Lehrer diese kleinen Kompositionen vierstimmig aussetzt und vom Klassenorchester spielen läßt.

Beispiele dafür findet man im *Instrumentalheft* vom Verfasser.

Oft bin ich gefragt worden, welchen Zeitraum denn solche Übungen im Unterricht einnehmen sollen. Nach meiner Erfahrung ist es gut, diese Übungen im allgemeinen nicht über 15 bis 20 Minuten auszudehnen, weil das Zuhören den ganzen Menschen ziemlich stark fordert. Bei jeder Improvisation ist nämlich die Intensität des Zuhörens eine viel stärkere, als wenn Musikliteratur gespielt wird. Die ganze Aktivität des Zuhörens im Mitgestalten ist gefragt. Um diese Aktivität wachzuhalten, ist es wichtig, daß die zuhörenden Schülerinnen und Schüler im Anschluß an eine Übung charakterisieren, was sie gehört haben, wo anderes zu erwarten gewesen wäre, was besonders originell war, was in andere Richtungen führte und wie das Zusammenspiel, das Aufeinanderlauschen der Spieler gelungen ist. Gut ist, wenn Schülerinnen und Schüler, natürlich auch der Lehrer, bestimmte Stellen nachspielen können.

Diejenigen, die spielen, müssen spontan reagieren, durch die Beobachtungen der Zuhörer werden sie sich *bewußt*, was sie getan haben, und das schafft später wieder neue Fähigkeiten. Spieler und Zuhörer gehören bei diesen Übungen unmittelbar zusammen.

Die Frage, ob man solche Übungen das ganze Schuljahr über machen soll, muß jeder selbst entscheiden. In der vierten Klasse zum Beispiel hat man so viele Dinge zu tun, die auch in schöpferischer Form behandelt und geübt werden, daß man das Improvisieren sicher auch einige Zeit aussetzen kann.

Hilfreich ist es auch, wenn jedes Lied oder Instrumentalstück durch wenige hinführende Improvisationsübungen vorbereitet wird. Das, wenn es wirklich für das Stück oder Lied wesentlich ist, belebt sehr das aktive Engagement.

Betrachten wir nun weiter, was uns für die Auswahl der Übungen aus der altersspezifischen Entwicklung des Kindes entgegenkommt.

Da haben wir nun das Kind in der fünften Klasse, das, wie wir schon im fünften Kapitel gesehen haben, eine besondere Neigung dazu hat, «Standortwechsel» zu üben. Und neben dem, daß wir in verschiedenen Tonarten spielen, Lieder transponieren, werden wir nun auch den Übergang von einer zur anderen Tonart, also einfachste Formen der Modulation üben:

An dem einen Instrument wird die Bordunquinte auf c, also c-g gespielt, auf dem anderen Instrument versucht die Schülerin oder der Schüler, eine Melodie zu spielen, die zur benachbarten Tonart auf der Dominante, also G-Dur, führt. Damit der neue Grundton eindeutig ist, muß auf jeden Fall das fis erscheinen. Die Geschicklichkeit liegt nun darin, dieses glaubhaft einzuführen, zum Beispiel indem die Melodie mehrfach von unten ansetzt, um mit einem Überschuß an Bewegungsenergie über das fis zum g zu kommen

oder indem das g in der Melodie immer vorherrschender und schließlich durch das fis als Grundton bestätigt wird.

Es kommt natürlich nun darauf an, daß der begleitende Spieler das wahrnimmt und auf die Quinte g/d springt. Die Rückmodulation ist verhältnismäßig einfach: Von oben kommend geht die Melodie über g f zum e und erreicht wieder ihren «Heimathafen».

Nun entstehen dabei natürlich öfter Komplikationen. Zum Beispiel bemerkt die Begleitung die vollzogene Modulation der Melodie nicht. Die Melodie muß schließlich so tun, als wäre es gar keine echte Modulation gewesen, über f zurückgehend bleibt sie doch noch in der Grundtonart, um dann noch einmal einen neuen Ansatz zu versuchen. Im nachhinein also deklariert sie ihren Schritt als kleine Ausweichung. – Man beachte, daß die Schülerinnen und Schüler dadurch zwischen einer wirklichen vollzogenen Modulation und einer nur vorübergehenden «Ausweichung» unterscheiden lernen, d. h. «Fehler» bringen neue Erkenntnisse.

Wird die Rückmodulation nicht bemerkt, so wird die Melodie immer wieder und wieder über das f gehen, bis unter der aufkommenden Heiterkeit in der Klasse die Quinte schließlich wechselt. Und schon hat man das Beispiel einer ausgebreiteten Dominante, wie sie in der Literatur in Klassik und Romantik oft vorkommt.

Manchmal verwirrt die Melodie auch durch ständig wechselnden Gebrauch von fis und f; in diesem Fall wird man auf die spätere Behandlung von Chromatik hinweisen. Auch hier bedienen wir uns der Methode des Entdecken-Lassens. Wie schon erwähnt, haften eigene Entdeckungen besonders gut im Gedächtnis.

Man kann nun, besonders gut um die Weihnachtszeit herum, aus einer solchen Übung ein kleines Pastorale im 6/4-Takt machen, wobei man das Anfangsmotiv dann auch in der Dominanttonart wiederholt, wie es früher oft üblich war. Charakteristische Weihnachtsmotive sind solche, die vorherrschend Quint, Sext und Terz enthalten. Sie sind Bestandteil vieler Lieder und Instrumentalsätze zur Weihnachtszeit. Da schimmert noch etwas von einem alten Intervallerlebnis durch. Erinnern wir uns an das, was wir über die Quintenstimmung gesagt haben, so können wir von den Hirten – und um die geht es hier – sagen, daß sie vorzugsweise in dieser an die Umgebung hingegebenen imaginativen Stimmung lebten, in einer Nacht aber, in sehnsuchtsvoller Erwartung des Messias, in der inspirativen Sphäre den Gesang der Engel vernehmen konnten, also in die Stimmung der Sexte kamen. Alles aber, was sie in Betlehem erlebten, nahmen sie sich zu Herzen, in ihr Terzempfinden. Mit diesen drei Intervallen wird also die ganze Hirtengeschichte beschrieben, so wie wir sie auch an der Waldorfschule aus dem Oberuferer Christgeburtsspiel kennen. Hat man solche Gedanken im Hintergrund, so wirken sie – unausgesprochen – doch auf die Art des Engagements der Schüler. Das gehört zu den von Rudolf Steiner oft erwähnten «Imponderabilien».

Man achte stets darauf, daß solche Aufgaben für weniger begabte Schüler einfach gehalten, für begabtere aber in verschiedener Weise – zum Beispiel schon dadurch, daß man in anderen Tonarten spielen läßt – musikalisch reicher gestaltet werden.

Jetzt kann man dazu übergehen, die Quinte und ebenso Sext und Quart in der Begleitung nicht im Zusammenhang, sondern hintereinander spielen zu lassen.

Die nun etwas mehr melodischen Charakter annehmende Begleitstimme betont nicht mehr so stark den Grundton, das Ganze wird beweglicher und leichter. Auch kann die Begleitstimme bei Gelegenheit die Melodiestimme imitieren, wobei dann ab und zu auch andere Töne mit dazugenommen werden können, zum Beispiel:

Ein dritter Spieler kann das Ganze zum Trio abrunden.

Schon im siebten Kapitel ist dargestellt worden, welcher Stimmungsreichtum durch Dur und Moll in der sechsten Klasse angeregt werden kann.

Jetzt in den Übungen wird man erst einmal Melodien in Dur und dann in der parallelen Molltonart spielen lassen. Man kann sogar versuchen, Dur-Melodien, die vornehmlich aufsteigen, in motivisch ähnliche, absteigende Moll-Melodien zu verwandeln, eine Art freier Spiegelung. Dann übt man, wie gewisse Charaktere durch Melodieführung und Rhythmus erzeugt werden: ein besinnliches, ein heiteres Dur, freudig-ahnende Erwartung in Moll oder Dur, ein dramatisches Moll, glückliche Erinnerung in Moll oder Dur. Dazu dienen die verschiedenen melodischen und rhythmischen Möglichkeiten, die wir im siebten Kapitel beschrieben haben.

Nun kommt wieder, im Zusammenklang oder aufgelöst, die Quint mit Sext und Quart in der Begleitung dazu. Durch längeres Verharren auf Sext, Quint oder Quart erzeugt man eine Art funktionalen Charakter, besonders wenn man den Zusammenklang der Intervalle bevorzugt. Man kann aber die Töne, wie wir oben gesehen haben, auch mehr melodisch benutzen, dann entsteht mehr Polyphonie; dabei kann man sogar eine Zeitlang auf den Grundton verzichten. Und nun wechselt man zwischen Dur und Moll, C-Dur und a-moll oder F-Dur und d-moll in größeren oder kleineren Abständen, aber immer so, daß beide Spieler miteinander korrespondieren und einen Wechsel gut vorbereiten: So entstehen zum Beispiel dreiteilige Formen Dur-moll-Dur oder moll-Dur-moll (russische Variante).

Über der Vielfalt der Möglichkeiten, die sich jetzt ergibt, versäume man nicht, immer wieder auf die Gefühlsqualitäten hinzuweisen, die entstanden sind, oder auf solche, die als Vorgabe da waren und Gestalt angenommen haben.

Es ist deshalb gut, Improvisationen auch zu einem Gedicht oder einem Schauspiel zu machen. Da kann man dann versuchen, andere Instrumente miteinzusetzen, die bestimmte Stimmungsnuancen dazu beitragen.

Improvisiert man eine kleine Zwischenaktmusik oder ein Bühnenvorspiel, so achte man darauf, daß am Ende der Musik eine gewisse Spannung bleibt, so daß die Aufmerksamkeit der Zuhörer auf das nun Folgende gerichtet wird.

Nun kann man in der Begleitung mehr ins Akkordliche übergehen, indem man zum Beispiel Figuren in Form der «Albertibässe» spielt.

Bei diesen für die Wiener Klassik typischen Formen ist es nun am besten, wenn in der Begleitstimme die Folge der Akkorde auch rhythmisch gleich bleibt.

Jetzt erlebt die Schülerin oder der Schüler noch stärker, daß man mit der Melodie harmonisch gebunden ist. Zuerst wird der Melodiespieler immer wieder auf gleiche Melodiewendungen kommen, die sich bewährt haben. Die Sorge, daß er nicht richtig «auskommt», hält ihn zurück. Aber gerade trotz oder wegen der Gebundenheit, der Beschränkung, geht es jetzt darum, immer mehr Fantasie zu entfalten.

Ziehen wir das Ganze nun zusammen zu einer solchen Baßform,

kommen wir der strengen Kadenz immer näher und befinden uns mittlerweile in der siebenten Klasse.

Wenn wir wiederum bedenken, daß der junge Mensch in der Zeit der Erdenreife durch das schon beschriebene Sehnenwachstum in seinem Denken, Fühlen und Wollen auf sein Skelett hin orientiert ist, so erscheint es einleuchtend, daß er in der Musik ein besonderes Verhältnis zur Kadenz, dem Gerüst der harmonischen Musik, entwickelt. Sie ist die Quintessenz der Dur-Moll-Tonalität, in der wir, wie H. Pfrogner schreibt, *«in einer über das Modale hinausgehende, wirklich an Körperlichkeit gemahnenden ‹dritten› Dimension leben».*[41]

Wenn man nun zu den Kadenzbaßtönen eine Melodie improvisiert, wird man bald gewahr, daß es hier ein «Richtig» und ein «Falsch» gibt, nicht nur ein «Gut» oder «Weniger gut». Zuerst geschieht es daher oft, daß die Melodiespielerin oder der Melodiespieler ängstlich an einer Melodiefloskel festhält, die sich als richtig erwiesen hat. Wenn man etwas mehr wagt, entdeckt man «nebenbei» verschiedene Formen von Vorhalten und Durchgängen. Es kann dann kaum ein Ton falsch sein, wenn ich ihn nur richtig weiterführe. So lernt man auch hier wieder viele Dinge «nebenbei».

Ein weiteres Bemühen geht wieder dahin, die Melodie rhythmisch möglichst unabhängig vom Baß zu gestalten, d. h. ihr soviel eigenrhythmische Form zu geben, wie es geht.

Ängstlichen Schülerinnen oder Schülern empfiehlt man, möglichst viele Sekunden zu benutzen, weil diese fast alles, was als Dissonanzspannung auftritt, auflösen.

Durch eine leichte rhythmische Veränderung des Basses wird auch

die Melodiestimme sofort rhythmisch angeregt, sie wird bewegter und reicher an Synkopen sein.

Man kann nun auch eine vierstimmige Kadenz unterlegen, etwa so:

die man auf zwei Spielerinnen oder Spieler verteilt. Dazu soll eine liedähnliche Melodie entstehen. Das Gleiche in Moll wird noch beliebter sein.

Es gibt noch viele Möglichkeiten, die Begleitung zu variieren, zum Beispiel:

Da jetzt viel Sekundbewegung in der Begleitung ist, wird die Melodiestimme größere Intervalle bevorzugen und sonst auf Gegenbewegung achten. Anregungen hierzu kann man sich bei Günther Noll aus seinem sehr empfehlenswerten Buch *Liedbegleitung* holen.

Auch Ostinati, die vom normalen Kadenzschema abweichen, lassen sich gut verwenden, wie dieses in d-moll:

Solche Übungen kann man nun bis zum Ende der achten Klasse durchführen. Bevor wir aber diesen Weg weiter verfolgen, wollen wir uns den rhythmischen Übungen zuwenden, die, wie wir gesehen haben, in diesem Alter besonders wichtig werden.

11.
Rhythmische Übungen in der siebenten und achten Klasse

Man kann immer wieder erstaunt sein, daß verhältnismäßig einfache und auf den ersten Blick harmlos anmutende Übungen bei den Jugendlichen auf große Resonanz stoßen. Daraus kann man ersehen, daß ein inneres Bedürfnis vorliegt, bestimmte Eigenschaften zu schulen, die jetzt wichtig werden.

Bei der nun folgenden einfachen Übung, die ich an der Widar-Schule in Bochum-Wattenscheid kennengelernt habe, kommt es darauf an, das Rhythmusgefühl im Inneren des Menschen zu entwikkeln. Wieviel Takt und Rhythmus kommt heute an den jungen Menschen von außen heran, zum Beispiel durch Kopfhörer, Lautsprecher, Keyboard; aber auch ungeduldige Musiklehrer, die ständig den Takt laut schlagen oder zählen, behindern auf die Dauer die Entwicklung eines inneren Rhythmus-Gefühles, das nun in dieser Übung angeregt werden soll.

Die Anordnung sieht so aus:
In Quartett-Sitzordnung sitzen vier Spielerinnen oder Spieler mit kleiner Pauke, Holzblock, Tambourin und Becken – es lassen sich auch andere Schlaginstrumente benutzen, sie sollten sich jedoch möglichst klanglich voneinander unterscheiden. Diese vier Instrumentalisten spielen einen gleichmäßigen 4/4-Takt, jeder einen Schlag: Pauke 1, Holzblock 2, Tambourin 3, Becken 4. Wenn ein gutes Gleichmaß hergestellt ist, hat jeder die Möglichkeit, auszusetzen bei gleich bleibendem Takt, also zum Beispiel

1 – 3 4 – 2 – 4 – – 3 4 usw.

Die Spieler vereinfachen sich die Aufgabe, wenn sie beim Aussetzen einen Schlag in die Luft machen, um im Taktmaß zu bleiben. Besser allerdings ist, es geht ohne das.

Man kann nun dazu anregen, daß eine so entstandene rhythmische Figur vielleicht dreimal wiederholt wird, bevor die nächste Figur entsteht.

Diese Übung wirkt nun besonders bei den Zuhörenden so, daß sie gerade dort in innere Aktivität geraten, wo ein Schlag aussetzt. Man spürt beim aktiven Zuhören mit der Zeit einen leichten Schmerz in der Bauchgegend. Das Widerlager unseres Rhythmusempfindens, das Zwerchfell, wird aktiviert.

Aufregender wird diese Übung, wenn man sie im schnellen Tempo spielt, oder wenn man jedem Spieler oder jeder Spielerin zwei Schläge zuteilt, also

```
 1  2  3  4
• • • • • • • •
```

von denen dann der erste oder der zweite oder alle beide weggelassen werden können. So können Figuren entstehen wie

```
 1   2   3   4          1   2   3   4
• • –• –• •–          –• • • •– –•      usw.
```

Diese Übung wirkt gleichermaßen auf Spieler und Zuhörer und kann im übrigen auch auf der Oberstufe als eine Grundübung immer und immer wiederholt werden.

Eine ähnliche Wirkung hat eine Übung, die ich von Hans Nissen aus der Waldorfschule Wangen i. Allgäu übernommen habe:

Die Schülerinnen und Schüler stehen im Kreis. Ein 4/4-Takt wird mit Füßen und Händen dargestellt: linker Fuß (stampfend) 1, Klatschen 2, rechter Fuß 3, Klatschen 4.

Jeder Zweite im Kreis läßt die Fußschläge weg, so daß nur 2 und 4 geklatscht werden. Bei einer ungeraden Zahl von Schülerinnen und Schülern kommt bei zwei Durchgängen jeder mit dem vollen Takt und den synkopischen Taktschlägen dran.

Ist die Klasse zu groß für den Kreis, muß man mit der halben Klasse arbeiten, aber dann Gruppenwechsel mit vorsehen.

Bei allen Übungen, die man mit Klatschen macht, aber auch beim Schlagen von Rhythmusinstrumenten, achte man immer darauf, daß im Ausholen der kommende Schlag vorgefühlt und vorgehört wird und gleichzeitig in der Ausholbewegung das Tun der anderen miteinbezogen wird. Es liegt auch hier das eigentlich Musikalische zwischen den hörbaren Ereignissen. Man wird, indem man das schult, viel schneller zu einer rhythmischen Kommunikation mit den anderen kommen, und man verhindert dadurch zum Beispiel das «Treiben», das nur dadurch entsteht, daß das, was zwischen den rhythmischen Ereignissen geschieht, nicht genügend wahrgenommen wird.

Um die Fantasie herauszufordern, läßt man beispielsweise einen 4/4-Takt durch die Schläge 1 und 4 vorgeben (gespielt auf zwei Schlaginstrumenten) und fordert dazu auf, daß jeder ein rhythmisches Motiv in diesem Taktmaß erfindet. Hat man 40 Schülerinnen und Schüler in der Klasse, so erscheint es zuerst unmöglich, daß auch schon der Zwanzigste noch ein neues Motiv findet. Um so erstaunter werden alle sein, welche Fülle von Möglichkeiten es gibt, selbst wenn noch keine Triolen benutzt werden.

Von Stephan Ronner – jetzt am Stuttgarter Lehrerseminar – habe ich folgende Übung übernommen:

In einem Kreis werden von zwei nebeneinander stehenden Schülerinnen oder Schülern zwei im gleichen Takt stehende, verschiedene, möglichst gegensätzliche rhythmische Motive nach beiden Seiten gegenläufig weitergegeben, so daß man ständig beide Motive zugleich hört (Übung für das gleichzeitige Hören von mehreren Rhythmen).

An der gegenüber liegenden Seite des Kreises überschneiden sich die Motive und kehren zum jeweils anderen Ausgangspunkt zurück. Das geht, wie man leicht nachvollziehen kann, nur mit einer geraden Anzahl von Teilnehmern.

Die Möglichkeiten, rhythmische Übungen und Kadenzübungen zu kombinieren, sind mannigfaltig. Solche Übungen zu erfinden, sei an dieser Stelle einmal dem Leser überlassen.

Wir werden nun, wenn wir zur neunten Klasse übergehen, noch weiter beim Rhythmus verweilen. Allerdings werden jetzt beim Übergang in die Oberstufe neue Gesichtspunkte maßgebend.

12. Der Entwicklungsweg von der neunten bis zur zwölften Klasse

Das, was jetzt in der neunten Klasse als eigene, persönliche Urteilsfähigkeit aufkeimt, zeigt sich erst einmal nach außen hin häufig als Kritik. Man darf nicht erwarten, daß in diesem Alter jedes Urteil schon wirklich begründet ist. Aber es ist die Fähigkeit des eigenen Urteils geboren, und sie tritt in mannigfaltiger Weise in Erscheinung. Der eigene Standpunkt wird gesucht, und das nun neu beginnende Suchen nach den Lebenszielen ist verbunden mit dem inneren Wunsch, immer stärker in die eigene Verantwortung, sich selbst und der Welt gegenüber, hineinzuwachsen.

Dieses innere Suchen, das «Sich auf den Weg machen», ist oft umgeben von einer recht schroffen äußeren Schale. Das ist auch eine Art Schutz. Der junge Mensch hofft, daß der Lehrer diese inneren Fragen, ohne sie aus ihm herauszulocken, kennt, aufgreift, vertieft, weiterführt und daß er das, was da nach außen hin sich zeigt, mit dem nötigen Humor zu nehmen weiß.

Die Konfrontation mit den Todeskräften, die wir im vorigen Kapitel beschrieben haben, führt jetzt zu dem Bedürfnis, dieses Verhaftetsein mit dem Schwereelement nach und nach zu überwinden. Darauf zielen die Übungen, die im 13. Kapitel beschrieben sind. Aber auch in der Chorliteratur kommen Sätze, in denen zum Beispiel durch gelegentlichen Taktwechsel das Schwerpunktsempfinden gelockert wird, diesem Bedürfnis entgegen. Beispiele hierfür findet man bei Peter Michael Riehm (*Chorheft für die Oberstufe*) oder bei Distler und anderen Komponisten besonders vom Anfang dieses Jahrhunderts.

Peter Michael Riehm beschreibt in dem Kapitel «Musikunterricht aus lebendiger Menschenkunde» in *Erziehen und Heilen durch Musik* die innere Lebenssituation des Menschen in der neunten Klasse als «barocken» Duktus insofern, als es noch nicht um ein festes Thema, sondern um ein Motiv geht, das sich fortspinnend weiterbewegt. Er spricht vom «Fortspinnungstypus» in der Barockmusik, der dem Zustand des jungen Menschen adäquat ist.

Wenn man nun zu Chören aus der Barockzeit greift, dann wird man solche wählen, die einmal diesen Typus verkörpern, zum zweiten durch ihren dramatischen Charakter einen starken Eindruck auf den jungen Menschen machen, Chöre aus den Oratorien von Bach oder Händel – ein bißchen zu hoch gegriffen –, aber den jungen Menschen ergreifend, auch wenn es noch nicht zu einer ausgereiften Wiedergabe kommen kann, zumal man gewöhnlich Mangel an Tenören hat. Unter ähnlichen Gesichtspunkten wird man aber auch Chöre aus Carl Orffs *Carmina burana*, aus Gershwins *Porgy and Bess* oder auch das *Dies irae* aus Mozarts Requiem gut verwenden können. Eine Vielzahl von großen musikalischen Ereignissen ist Nahrung für die im Aufbruch begriffene, junge Seele. Zwischendurch kann man kleine, mehr ins Folkloristische gehende Sätze zum Beispiel von Klaus Knigge oder P. M. Riehm als auch von Kodály, Bartók u. a. singen.

Dabei sollten wir es uns zur Gewohnheit machen, möglichst allem, was wir an Literatur singen, spielen oder hören, Übungen vorausgehen zu lassen, in denen durch das eigene Tun eine Empfindung für das Charakteristische des Werkes erweckt und eine innere Beziehung zu dem Werk hergestellt wird. Es werden Übungen solcher Art sein, wie sie im 13. Kapitel beschrieben sind, aber hier mit besonderer Berücksichtigung der zu erarbeitenden Komposition. So kann man zum Beispiel in Hinblick auf den Anfangschor der *Carmina burana* folgende Aufgaben stellen:

Als erstes läßt man ein Schlaginstrument einen 3/2-Takt mit durchgehenden Halben schlagen.

Ein zweites Schlaginstrument (Pauke) spielt nun in zwei 3/2-Takten hemiolisch drei Ganze, also:

Wenn das klappt, setzt man die Begleitfigur dazu ein:

Nun spielt statt des ersten Schlaginstrumentes ein Melodieinstrument eine Melodie in der dorischen Tonart mit kurzen Atembögen.

So ist jeder darauf vorbereitet, während des Singens das ganze rhythmische Geschehen mit wahrzunehmen.

Wir üben hiermit aber allgemein ein Erkennen, das die Willenskräfte miteinbezieht. Durch inneres Mitvollziehen werde ich zum Erkennenden. Darauf werden wir in dem 13. Kapitel noch näher eingehen.

Wir können rückblickend auf das neunte Schuljahr sagen: Die tonalen Bezüge sind noch da und geben einen gewissen Halt. Aber es gerät in den sicheren Zusammenhängen (zum Beispiel Funktionsharmonik, festes Taktsystem) etwas in Bewegung. Und nun kommt es immer mehr und mehr darauf an, Sicherheit im Bewegten zu erlangen. Das aber ist neben der schon erwähnten Einbeziehung des Willenselementes wiederum eine Voraussetzung zum Erkennen des Lebendigen, zum Erkennen des Geistigen.

Gegen Ende der neunten Klasse taucht das Bedürfnis auf, gründlicher zu arbeiten, sowohl beim Musizieren als auch in der musikalischen Erkenntnisarbeit.

Peter Michael Riehm beschreibt den Entwicklungsweg des jungen Menschen auf der Oberstufe von der neunten bis zur zwölften Klasse in Parallelität zur Entwicklung vom Barock über Klassik (zehnte Klasse) und Romantik (elfte Klasse) bis zum 20. Jahrhundert (zwölfte Klasse), wobei er betont, daß es hierbei um innere Entwicklungsprozesse geht, die auch an Werken anderer Epochen durchgemacht werden können. Dazu soll hier noch ein zweiter Prozeß gestellt werden, der sich auch aus dem Kontext des gesamten Lehrplanes der Oberstufe ergibt.

Da kommt es in der zehnten Klasse darauf an, daß das Urteil geschult wird vor allem an den sinnlichen und meßbaren Erscheinungen. So etwas geschieht zum Beispiel in der Feldmeßepoche, in der technischen Mechanik, in der Epoche über Metrik und Poetik.

In der elften Klasse versucht man, das Nichtsinnliche urteilsmäßig zu durchdringen. Da beschäftigt man sich mit seelischen Entwicklungswegen (*Parzival*). Hier hat die Musik eine besondere Aufgabe, indem seelische Prozesse wahrgenommen und urteilend verarbeitet werden.

Vor der zwölften Klasse steht dann die Frage: Wie offenbart sich Geistiges im Irdischen? In der Geographie heißt es im Lehrplan: «Die Erde als Spiegelbild des Kosmos».[42]

Diesen Drei-Schritt wollen wir im folgenden mitberücksichtigen, wenn wir nun den Musikunterricht der Klassen zehn bis zwölf weiterbetrachten.

«In diesem Schuljahr», so schreibt P. M. Riehm in bezug auf die zehnte Klasse,

«hat der Schüler Gelegenheit, sich intensiv in die Formensprache der klassischen Musik einzuleben und die Entwicklungsprozesse von Haydn über Mozart bis zum späten Beethoven mitzuverfolgen.»[43]

Betrachten wir nun zum Beispiel die Form der Sonate, lassen wir erleben, wie der erste Satz mit seiner ausgeprägten Sonatenhauptsatzform unseren Formsinn anspricht, wie der zweite Satz auf unser Empfinden wirkt, was seinen Ausdruck einmal in seiner oft schlichten ABA-Form, aber auch in der tonartlichen Verschiebung quintabwärts, manchmal auch zur Moll-Parallele, findet, und wie schließlich der dritte Satz, das Finale, vor allem in der Rondoform uns in den Gliedmaßen ergreift, so ist es dann wiederum besonders interessant, die vielen sogenannten Ausnahmen zu betrachten.

Die A-Dur-Sonate KV 331 von W. A. Mozart zum Beispiel beginnt mit einem Variationensatz. Interessanterweise aber finden wir im zweiten Satz, dem Menuett, eine zwar knappe, aber exakte Sonatenhauptsatzform.

Man wird viele Beispiele finden, die vom «Normalen» abweichen, in denen aber die drei Erlebnisbereiche bis in Formstrukturen hinein wiederzufinden sind. Gerade das macht das Beschäftigen mit Formen so interessant.

Beim Betrachten der sogenannten Vier-Takt-Periode fällt auf, daß man sie normalerweise gar nicht wahrnimmt, daß man erst auf sie aufmerksam wird, wenn sie an irgendeiner Stelle durchbrochen wird. Man spürt solche Unregelmäßigkeiten bis ins Organische hinein und wird sich bewußt, daß wir mit unserem eigenen innewohnenden Rhythmus, dem Atem- und dem Pulsrhythmus, und seinem normalen Verhältnis 1:4 ständig unbewußt «messen». Man hat dann, wenn diese Regelmäßigkeit durchbrochen wird, eine Art von Aufwacherlebnis.

Musikalisch heißt das, wie wir bereits im sechsten Kapitel dargestellt haben, daß Melodie – die wir stärker in unserem Atem erleben – und Takt – der stärker mit dem Puls erlebt wird – in der Wiener Klassik in einem dem rhythmischen Menschen entsprechenden Verhältnis stehen. Und auch in dem Formalen der Musik den eigentlichen Bezug zum Menschen aufzuzeigen, sollte uns ein wichtiges pädagogisches Anliegen sein. Mit diesem erweiterten und dadurch beweglichen Formbegriff fallen wir eben nicht aus dem künstlerischen Erleben heraus.

Von ganz besonderer Wichtigkeit ist nun aber in der zehnten Klasse die Betrachtung der Beethovenschen Werke. Das, was Beethoven erstrebte – so kann man es vielleicht zusammenfassend sagen –, ist die freie, unabhängige und selbstverantwortliche Persönlichkeit. Dies zeigt sich in seinem Verhältnis den Fürsten – seinen Brotgebern – gegenüber, aber in gewisser Weise auch in seinem Verhältnis zu

Napoleon. Die Zeit seines intensivsten Schaffens ist die Zeit der Befreiungskriege, ist die Zeit Johann Gottlieb Fichtes. Und vieles davon spiegelt sich in seiner Musik wider.

Der junge Mensch in der zehnten Klasse fühlt sich berührt von diesem Ringen, weil etwas in ihm damit korrespondiert.

Und während wir nun beim Betrachten von Sonaten und Sinfonien im Haupt- und Seitenthema noch das Gespräch entdecken, das «Sprechen zur gleichen Sache von unterschiedlichen Positionen», wie es P. M. Riehm nennt, löst sich diese Form immer mehr auf; manche Themen erscheinen nur fragmentarisch, bis schließlich am Anfang gar kein Thema steht, wie im letzten Satz der neunten Sinfonie. Es muß erst gefunden werden. Gesucht wird es hier vor allem durch die Celli und Kontrabässe in ihren rezitativischen Melodiebögen; und was dann auftaucht, sind zuerst immer nur Erinnerungen, Erinnerungen an schon dagewesene Themen, ein Phänomen, das fast jedes Suchen nach neuen Ideen, neuen Gedanken begleitet. Auch, wenn das Thema gefunden ist, hat man es noch nicht sicher. Es ist ein langer Prozeß, bis es sich, beginnend in den tiefen Lagen, durchsetzt. Die Form ist zerbrochen zugunsten einer Entwicklung.

Das war noch nicht da, daß hier ein Werden, ein Entwicklungsprozeß erlebbar wird, der alte Formen auflösen muß.

Noch ein weiterer Schritt, und man ist bei den späten Streichquartetten, in denen wir schon so etwas wie eine nachtodliche Bilderwelt ahnen können.

In der e-moll-Sonate, op. 90, haben wir ein anderes Formproblem. Die Sonate ist zweisätzig, erster Satz in e-moll, zweiter Satz in E-Dur. Wie kommt man zur Zweisätzigkeit? Indem das ganze musikalische Erleben sich jetzt sozusagen auf den mittleren Bereich des Menschen zusammendrängt. Wir haben es auch im Seelischen mit der Polarität von Ein- und Ausatmen, hier in Moll und Dur sich offenbarend, zu tun. Aus der Dreiheit wird eine Zweiheit. Das entdecken wir dann später, vielleicht noch in der zehnten Klasse, auch in der h-moll-Sinfonie von Schubert, der sogenannten *Unvollendeten*. Gewiß, es existiert ein Fragment eines dritten Satzes. Aber ist die Sinfonie in ihrer zweiteiligen Form:

1. Satz:	h-moll	1. Thema: h-moll	2. Thema: G-Dur
2. Satz:	E-Dur	1. Thema: E-Dur	2. Thema: cis-moll

in ihrem Dur-Moll-Gefüge nicht in sich vollkommen?

Nun gehen wir wieder so vor, wie wir es schon beschrieben haben. Wir können zum Beispiel die für Beethoven charakteristische Umdeutung eines Dominant-Septakkordes in einen übermäßigen Quintsextakkord und die daraus resultierende Auflösung – so wie wir dieses harmonische Geschehen zum Beispiel in der fünften Sinfonie im zweiten Satz vorfinden – vorher chorisch singen:

Auch das typische Herauslösen eines Tones aus einem Dreiklang und das Hineinversetzen in eine terzverwandte Tonart:

läßt man probieren.

Oder man stellt die Aufgabe: Spiele ein Motiv, das in Moll aufwärts drängt und verwende dazu vornehmlich den Dreiklang. Auf diese Weise wird manches nach «Beethoven» klingende Thema entstehen.

Oder man sagt: Spiele ein Thema, indem du mit der Terz eines Dreiklangs beginnst, den oberen Terzraum des Dreiklangs melodisch ausspielst, dann den unteren, und ende als Zwischenschluß auf der Sekunde. Wiederhole das Ganze und schließe auf dem Grundton.

Irgendwann wird ein solcher Versuch in die Nähe des Themas *«Freude schöner Götterfunken»* des letzten Satzes aus der neunten Sinfonie geraten, und man entdeckt, daß der Halbschluß auf der Sekunde (harmonisch: Dominante) sehr häufig in der Literatur vorkommt, ja, daß eine solche eben gemachte Vorgabe, wenn ich nur im oberen Terzraum den mittleren Ton auslasse, zu einem Thema aus Dvoraks Sinfonie *Aus der neuen Welt* führt:

Oder man führt Schuberts h-moll-Sinfonie so ein, daß man sagt:

Laß dich in der h-moll-Skala vom Grundton her aufsteigend schon von der kleinen Terz zurückwerfen, fange die Melodie, während sie nun fällt, an Halbtönen mehrfach auf. Nach einigen Versuchen hören wir dann die Schubertsche Lösung aus der Einleitung der Sinfonie:

Besonders eindrucksvoll ist es dann, wenn man zeigt, wie zu Beginn der Durchführung die Halbtöne nicht mehr die Kraft haben, das Fallen der Melodie aufzuhalten, und wie abgrundtief dann das c wirkt, auf dem man ankommt:

Das soll genügen, um zu zeigen, auf wieviel verschiedene Weisen man die Schülerinnen und Schüler ein wenig am schöpferischen Prozeß beteiligen kann. Das alles wieder nach dem Grundsatz: Erkennen durch eigenes Tun.

Eines unter den Beethoven-Werken ist nun für die zehnte Klasse immer besonders eindrucksvoll, das ist Beethovens einzige Oper: *Fidelio*.

Florestan, der im unterirdischen Kerker zu Unrecht Leidende spricht, indem er am Ende seiner Kräfte in seiner Arie die Worte singt:

«Süßer Trost in meinem Herzen, meine Pflicht hab ich getan», nicht von einer äußeren Pflicht, sondern vom inneren Pflichtgefühl des freien Menschen.

«Der Edle, der um Wahrheit stritt», ertönt es aus dem Munde Fernandos.

Und wie Gnade erscheint die Rettung eben in dem Augenblick, da ihm zu tun nichts mehr möglich ist und er dem Tod ins Auge schaut: Schicksal einer nach Wahrheit, nach freier Verantwortung suchenden Persönlichkeit.

So etwas kann wohl keiner besser vertonen als Beethoven, und einen anderen ebenbürtigen Text für eine Oper hat er nicht gefunden.

Auch diese Andeutungen mögen genügen, um zu zeigen, in welcher Weise man die inneren Fragen der Jugendlichen beim Studium der musikalischen Werke mitaufgreifen kann.

Chorliteratur findet man in den Oratorien von Haydn *Die Schöpfung* und *Die Jahreszeiten*, in Messen und dem Requiem von Mozart oder in seiner Kantate *Dir, Seele des Weltalls*, in der C-Dur-Messe von Beethoven, aber auch in dem Requiem von Cherubini, den Beethoven sehr schätzte. Man kann natürlich auch das erste Gesangsquartett aus dem *Fidelio* chorisch singen und selbstverständlich den Gefangenenchor, den man dann notgedrungen mit gemischten Stimmen singt.

Auf jeden Fall werden immer wieder zwischendurch zeitgenössische Sätze gesungen werden. Stets den Finger an den Puls der Zeit halten!

Über Improvisationsübungen, wie man sie in der zehnten Klasse machen kann, wird im dreizehnten Kapitel gesprochen.

In gewisser Weise greifen wir in der elften Klasse das wieder auf, was schon in der sechsten Klasse Inhalt des Musikunterrichtes war. Es geht um die tieferen Schichten der Empfindungen. Wir sind in einem Gebiet, in welchem Unbestimmtheiten, Mehrdeutigkeiten auftreten. Wir beleuchten eine Sphäre, die sich sonst gern dem Bewußtsein entzieht. Hier können wir nicht mehr «messen», um Klarheit zu finden. Um in diesen Gebieten zu immer sichereren Beurteilungen zu kommen, benötigen wir andere Mittel: Ein wesentliches ist das der Veränderung, der Bewegung. Wir ändern zum Beispiel in der Melodie ein Intervall, wir spiegeln es – wie verändert sich die Stimmung? –, wir variieren den Rhythmus, wir verändern die Harmonie, führen zu einem anderen Schlußton, und jedesmal bemerken wir, wie der Charakter sich dadurch verwandelt. Wir kreisen sozusagen eine bestimmte musikalische Aussage ein, gehen weiter von ihr weg, auf sie zu, bis wir immer mehr zu einer überzeugenden Auffassung kommen. So leben wir uns selbst hinein in das Gewoge der Empfindungen, die musikalisch in den reichhaltigen Modulationen unter Verwendung der Chromatik ihren Ausdruck finden.

Hierfür bieten natürlich die romantischen Sololieder einen reichen Quell der Erfahrungen.

Welche verschiedenen Empfindungen spiegeln zum Beispiel die vielen Abend- und Nachtlieder wider, die uns an eine Schwellensituation führen? Angefangen vom Zwielicht der Dämmerung in Schumanns *Zwielicht* (nach einem Eichendorff-Gedicht) über die *Mondnacht*, in welcher das sphärische und das einhüllende Element gleicherweise miteinander korrespondieren, bis hin zu *Die Nacht* von Richard Strauß (nach einem Gedicht von Hermann v. Gilm), das diese Polarität noch in eine persönlichere Sphäre taucht.

Auch hierbei wird man versuchen, die Schülerinnen und Schüler erst mal selbst Melodiewendungen finden zu lassen, die eine bestimmte Empfindung oder einen Stimmungskomplex wiedergeben könnten.

Auch wenn das musikalisch beschränkte Versuche sein werden, weil man größtenteils noch nicht so ganz über die Fähigkeit verfügt, das harmonische Geschehen gleich miteinzubeziehen, führt es doch wiederum zu einer schöpferisch-aktiven Anteilnahme.

Man kann auch einmal, um die Möglichkeiten der Chromatik und Enharmonik zu studieren, folgende einfache Übung machen:

Jemand spielt einen gebrochenen Dreiklang, sagen wir e g c, wiederholt ihn einige Male und läßt dann irgendeinen der drei Töne einen Halbtonschritt nach unten weiterschreiten. Dieses Prinzip behält er im weiteren Verlauf bei. Die Reihenfolge der fortschreitenden Töne ist nicht genau festgelegt. Der Spieler wird sie durch Vorhören des neuen Klanges selbst bestimmen. So entstehen Folgen wie diese:

Die Aufeinanderfolge im Quintenzirkel weit entfernter Tonarten wird dabei oft staunend erlebt.

Neben dem Kunstlied denke man an die Oratorien der Romantik. Hier sei vor allem auf Mendelssohns *Elias*, aber auch sein bedeutendes Fragment *Christus* verwiesen. Natürlich darf auch Schumanns *Zigeunerleben* nicht fehlen. Und dann die großen Opern! Einiges von Wagner sollte schon erscheinen, und gut wäre es, bis in die Zeit des Impressionismus vorzudringen, wo nun der Blick wieder nach außen gewendet wird zu dem, was sich da in Farben, Licht, Wasser usw. spiegelt.

Nun sieht der Lehrplan in der elften Klasse noch eine Kunstepoche vor, die doch wenigstens zum Teil auch die Musik mitbeinhaltet.

«Er [der Kunstunterricht] hat das Ziel zu verfolgen, wie im neueren deutschen Geistesleben die plastisch-malerische Strömung und die musikalisch-dichterische zusammenstreben»,

so hat es Erich Schwebsch, der geniale Lehrer und Kunstpädagoge an der ersten Stuttgarter Waldorfschule, formuliert. Eine Aufgabe, die in mannigfaltiger Weise entweder von einem oder von zwei Kollegen angefaßt werden kann. Bei allem, was hierbei möglich ist – darauf soll hier gar nicht eingegangen werden –, kommt es in der Hauptsache darauf an, den Schülern die Möglichkeit zu geben, in der Urteilsbildung auf seelischem Gebiet mehr und mehr Sicherheit zu erlangen.

Will man zum Beispiel auf rein musikalischem Gebiet das apollinische und dionysische Prinzip behandeln, ausgehend etwa von Strawinskys Ausspruch:[44]

«Alles in allem: für den klaren Aufbau eines Werkes – für seine Kristallisation – ist es entscheidend, daß alle dionysischen Elemente, welche die Vorstellungskraft des Schöpfers anregen und den nährenden Saft hochtreiben, rechtzeitig, bevor sie Fieber in uns hervorrufen, gezähmt und schließlich dem Gesetz unterworfen werden: dies ist Apollons Befehl»

und faßt man dann unter dem Aspekt dieses Themas zwei Musiker wie einerseits Palestrina und andererseits Monteverdi ins Auge, so kann man leicht darauf kommen, daß am Anfang einer Kulturepoche das Dionysische, am Ende das Apollinische überwiegen wird. Aber man mache eine solche Beurteilung nie zu sehr am Äußeren fest! Es gibt genug Beispiele, die dem widersprechen. Das Urteilsvermögen gründet jetzt vor allem in der Kraft des inneren Miterlebens.

Auch, wenn wir uns in der elften Klasse nun ganz in der geschilderten Erlebnissphäre bewegt haben, sei nochmals erwähnt, daß immer auch Beispiele des 20. Jahrhunderts mit einfließen sollten. Man kann zum Beispiel Lieder gleichen Inhaltes aus der romantischen Zeit und aus dem 20. Jahrhundert vergleichen oder in anderer Weise Bezug zu unserer Zeit nehmen.

Wenn wir uns den Lehrplan der zwölften Klasse in den anderen Fachgebieten anschauen, finden wir dort mehrmals das Wort «Überblick». Damit ist gemeint, daß bereits bekannte Inhalte so zusammengefaßt werden, daß aus dem Überblick ein tieferes Verständnis für innere Zusammenhänge und Entwicklungen entstehen soll. In der Geographie zum Beispiel heißt es, wie wir schon erwähnten: «Die Erde als Spiegelbild des Kosmos». Für die Musik kann sich als Thema ergeben: «Die Evolution der Menschheit im Spiegel der Musik», wobei die Frage im Mittelpunkt stehen würde: Was bedeutet das für die gegenwärtige und die zukünftige Entwicklung?

Man meint vielleicht auf den ersten Blick, eine zu große Stoff-Fülle bewältigen zu müssen, doch bietet die Musik eben dieses Jahrhunderts eine einzigartige Synthese des geschichtlichen und des gegenwärtigen Aspektes. Wir können nämlich in der Musik von

Anfang des 20. Jahrhunderts bis etwa zur Mitte hin bemerken, wie alte Stilelemente der Musik oder auch Musikauffassungen aus geschichtlicher Zeit im modernen Musikschaffen eine neue Aktualität erfahren. Am Auffallendsten ist wohl der Einfluß der Renaissancemusik besonders auf viele Vokalkomponisten aus der ersten Hälfte dieses Jahrhunderts, den man zum Beispiel bei Hugo Distler, Johann Nepomuk David oder Ernst Pepping findet. Besonders die sogenannte «Jugendmusikbewegung» hat eine große Vorliebe für diese alte und größtenteils bis dahin in Vergessenheit geratene Musik der sogenannten Niederländischen Schule entwickelt. In gewisser Weise greift auch die «Neue Wiener Schule» unter ihrem Hauptvertreter Arnold Schönberg auf Satzprinzipien des alten Kontrapunktes zurück. (Von Schönberg gibt es sehr schöne Volksliedbearbeitungen im alten Stil.)

Elemente der frühen Mehrstimmigkeit, des Fauxbourdon und des Organumstiles finden wir zum Beispiel bei Orff, wo wir auch gregorianische Elemente entdecken.

In seiner *Technique de mon langage musical* geht Olivier Messiaen mehrfach auf die Gregorianik ein und knüpft an ihre Formen und Wendungen an. So heißt es dort unter anderem:

«Nachdem ich eine wahre Musik gefordert hatte, d. h. eine geistige Musik, die ein Glaubensakt ist; eine Musik, die alle Gegenstände berührt, ohne je die Berührung mit Gott zu verlieren; eine ursprüngliche Musik schließlich, deren Sprache etliche Türen aufstößt, etliche noch ferne Sterne herabholt, stellte ich fest, daß da noch Raum ist, weil selbst die Gregorianik nicht alles gesagt hat ...»

Auch Arvo Pärt geht zum Teil auf diesen Ursprung zurück. Andere Komponisten fühlen sich im Einklang mit den Musikauffassungen noch älterer Kulturen, in denen Musik der Mittler zwischen Göttlichem und Irdischem war. So schreibt Karl-Heinz Stockhausen in *Texte zur Musik*, Bd. 3:

«... Zunächst müssen sie [die Musiker] aber Bewußtsein erlangen, wofür sie leben, wofür wir alle leben: um höheres Bewußtsein zu erlangen und die Schwingungen des Universums in unsere einzelne menschliche Existenz eindringen zu lassen ...»

Musik als Mittler zwischen Gott und Mensch. Damit sind wir am Anfang der Menschheitsgeschichte angelangt und stehen zugleich in den aktuellen Fragen der Gegenwart.

Das, was wir geschildert haben, ist eine Art Rückschau in die musikalische Entwicklung der Menschheit. Wie nach dem Tode eines Menschen das Lebenspanorama als Rückblick auftritt,[45] so haben wir hier ein entsprechendes menschheitliches Phänomen und als Grenze, als Übergang die Schwelle zum 20. Jahrhundert. Auf diese Weise erleben wir Menschheitsevolution und Gegenwartssituation in einem. Das Unverständnis, was selbst heute noch vielfach der zeitgenössischen Musik gegenüber herrscht, aber auch das mangelnde Empfinden für deren neue Qualitäten liegt nun häufig daran, daß das musikalische Erscheinungsbild zeitgenössischer Kompositionen nicht in seiner neuen Wertigkeit erkannt und solche Musik noch mit der bisher gewohnten inneren Einstellung gehört wird. Vom Hörer wird wiederum – wir haben darüber schon gesprochen – ein neues Weltverhältnis gefordert.

Beleuchten wir das an einigen Beispielen:
Wir lassen von der Klasse folgende bekannte plagale Wendung singen:

Wir erleben daran die wohltuende Wirkung des Schlusses, die man etwa so beschreiben könnte: Die Welt ist wieder in Ordnung, ich fühle mich wohl in mir.

Sodann wandeln wir die Übung in folgender Weise ab:

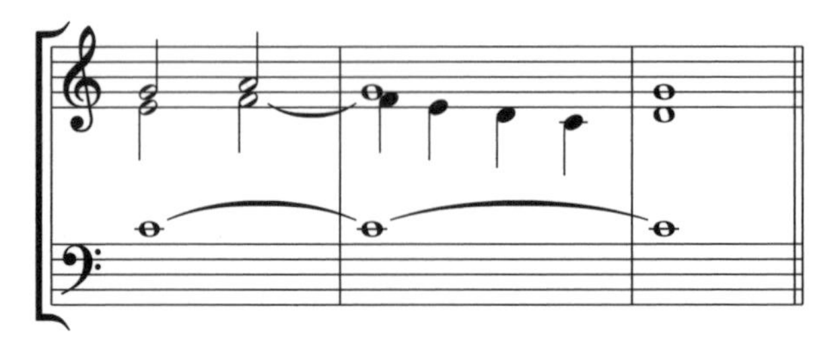

Jetzt bleibt am Schluß ein anderes Gefühl stehen. Dieser Schluß läßt etwas offen. Er weist auf etwas hin, fordert auf, stellt Fragen. Die Welt ist nicht mehr in Ordnung. Sie ist «fragwürdig». Ich selbst bin aufgerufen, kann mich nicht bequem zurücklehnen. Der Schluß ist Aufforderung, nicht Ende. Spüren wir nicht, daß das eine Forderung der Zeit ist? Die Sekunde hatten wir als Bewegungsintervall beschrieben. Hier wird diese innere Bewegung, die bisher Übergang war, zum Zustand erhoben. Ich fühle mich in der Welt als ein immer in Bewegung Bleibender, den Gegenwartsfragen mich immer neu Stellender, alles immer wieder neu Bedenkender. Fühle ich mich darin wohl, so liebe ich die Sekund als Lebenselement. Im *Tonerlebnis im Menschen* sagt Rudolf Steiner 1923:

«... An dem herzhaften Erleben der Sekund ist der Mensch heute noch nicht angelangt. Das sind Dinge, die in der Zukunft liegen.»

Leben wir nicht schon in dieser Zukunft? Enden nicht auch fast alle modernen Schauspiele in der Sekund? Im Epilog aus dem Schauspiel *Der gute Mensch von Sezuan* von Bert Brecht heißt es:
«... Wir stehen selbst enttäuscht und sehn betroffen den Vorhang zu und alle Fragen offen ...»
und am Schluß:
«... Verehrtes Publikum los, such dir selbst den Schluß:
Es muß ein Guter da sein, muß, muß muß!»

Das ist Sekundstimmung, Aufforderung, auch Aufforderung, in sich neue Werte zu finden, sich selbst zu verwandeln.

Schauen wir uns noch ein zweites Intervall an: die Septime, und erleben wir sie in herkömmlicher Weise:

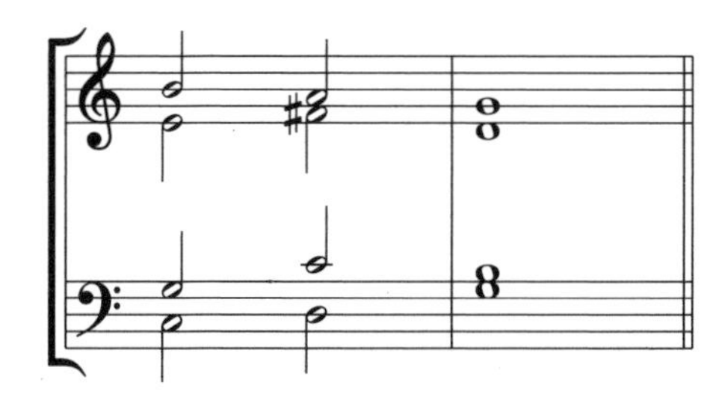

Die Septime tritt als Dissonanz auf, d. h. als eine Spannung, die ihr Ziel in dem nachfolgenden Intervall, der Auflösung, hat, und das ist in der Regel der Ton eines Dreiklanges. Die Septime selbst hatte bisher immer nur vorbereitenden, wegbereitenden Charakter. Als eigenständiges Intervall gibt es sie eigentlich erst im 20. Jahrhundert (wenn wir von uralten Kulturen einmal absehen). Was bedeutet das aber?

Kehren wir das Beispiel, das wir eben brachten, in einem gewissen Sinne einmal um:

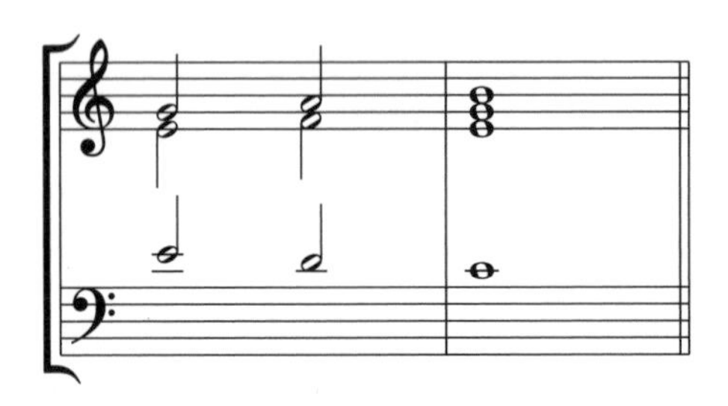

Wir sind von einer Terz ausgegangen und über den d-moll-Dreiklang in dem Septimenakkord auf c angelangt. Auch hier wird das, was früher Übergang war, zum Zustand erhoben, und ich kann mich aufgefordert fühlen, meine Seele zu weiten (es sei an dieser Stelle an unsere Intervallbetrachtungen erinnert), mich zu identifizieren mit Welt und Mensch, waren es doch auch zuerst die sogenannten Impressionisten, die den Blick nach außen lenkten auf zum Beispiel «Spiegelungen im Wasser», «Schritte im Schnee», «Gärten im Regen» usw., womit sich die Seele verbinden sollte.

Und wenn wir ein Klavierstück hören wie etwa das *Kinderstück* (1924) von Anton v. Webern, so mögen wir uns, um die richtige Einstellung zu erlangen, einmal erinnern, wie wir reagierten, wenn wir zum Beispiel irgendwo vielleicht unserem Patenkind begegnen: «Ja, wer kommt denn da?» und Erstaunen und Freude und im Moment ganz Hingegeben-Sein an das Kind dann zu einer Sprachmelodie führt, die man musikalisch annähernd so notieren müßte:

Nicht das eigene Wohlgefühl wird gesucht, sondern die Identifikation mit dem Gegenüber, mit Welt, Mensch und Kosmos. Unter diesem Aspekt betrachte man zum Beispiel auch die Klavierfassung des *Tierkreises* von Karl-Heinz Stockhausen.

Und dennoch spüren wir zum Beispiel in den Klavierwerken von Arnold Schönberg oder auch Claude Debussy noch die Wichtigkeit der Terz. Schauen wir uns zum Beispiel charakteristische Schlußakkorde aus den Klavierstücken op. 19 von Schönberg an, wie diese:

oder

In ihnen sind Septimen verborgen, ineinander verwoben:

und

Aus ihnen zusammen mit den auch dabei entstehenden Terzen resultiert im wesentlichen die Wirkung dieser Akkorde auf uns. Ist die Terz als das Intervall, in dem wir uns selbst inne werden, aber, wie wir geschildert haben, auch das Göttliche in uns empfinden können, jetzt ohne die funktionale Bindung, neben Sekund und Septim doch noch ein wichtiger Bestandteil unseres musikalischen Erlebens? Welche neuen Erlebnismöglichkeiten liegen heute in den Intervallen?

Wir kommen an Fragen über Fragen, die mit unserem jetzigen Weltverhältnis, unseren Aufgaben und der Weiterentwicklung der Menschheit jetzt und in der Zukunft zusammenhängen. Unser Rückblick endet in Fragen, mit denen wir die jungen Menschen in die Welt entlassen.

Im Praktischen werden wir viele Übungen machen, in denen wir zum Beispiel das Singen von Melodien in nicht funktionalen Zusammenhängen üben, wie zum Beispiel solche:

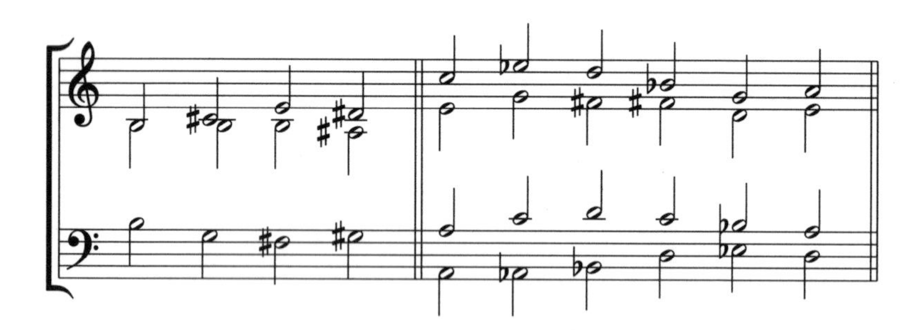

Ebenso werden wir auch versuchen, uns beim Singen von Zwölftonmelodien mit ihren typischen großen Intervallen eine gewisse Sicherheit anzueignen.

Chorliteratur gibt es in Fülle. Gerade Anfang dieses Jahrhunderts sind eine Menge von Liedsätzen, Kantaten und Oratorien mit großer Ausdruckskraft entstanden. Und auch in der Gegenwart entstehen noch immer gute Werke für Chor in einer modernen Tonsprache.

Wie man solche Werke vorbereitet, darauf wird im Kapitel über improvisatorische Übungen eingegangen. Auch in der zwölften Klasse werden wir, wie in der gesamten Oberstufe, Erfahrungen durch Üben und Probieren finden lassen – dazu können auch einfache, elementare Kompositionsaufgaben gehören – und möglichst wenig dozieren.

13. Improvisationsübungen in der Oberstufe

Während sich die rhythmischen Übungen in der achten Klasse noch stark am Taktschwerpunkt, der allerdings teils auch innerlich erlebt werden mußte, orientierten, werden wir nun in der Oberstufe immer freiere, bewegtere Rhythmen üben. Auch hier versuchen wir wiederum, Sicherheit im Bewegten zu erlangen. Das ist ein allgemeines Ziel in allen Fachgebieten, besonders in der Oberstufe. Wenn Frits Julius in *Stoffeswelt und Menschenbildung* gleich zu Anfang den Wert der künstlerischen Schulung für den naturwissenschaftlichen Unterricht betont, dann deshalb, weil es ihm u. a. um die Fähigkeit des beweglichen Denkens geht. Das gleiche fordert Johannes Kiersch in *Fremdsprachen in der Waldorfschule* in bezug auf den Fremdsprachenunterricht.

Der aufmerksame Leser wird in dieser Beziehung auch bei anderen Autoren fündig werden. Dieser Gesichtspunkt spielt nun auch bei den folgenden Übungen eine Rolle.

Wir knüpfen an die Aufgaben in der siebten und achten Klasse an und erinnern uns an folgende, schon beschriebene Übung:

Vier Spieler spielen mit vier Schlaginstrumenten einen Vierertakt und jeder, der für eine Taktzeit verantwortlich ist, kann aussetzen nach Belieben. Die Spieler oder Spielerinnen versuchen, entstandene rhythmische Figuren ein paar Mal möglichst in gleicher Weise zu wiederholen, bevor ein neues rhythmisches Schema entsteht. Jetzt lassen wir dazu auf einem Metallophon (natürlich eignen sich auch Klarinette oder Saxophon, wenn jemand das Instrument gut beherrscht) eine Melodie spielen.

Derjenige, der die Melodie spielt, wird nun auf einen bewegten, wechselnden Rhythmus mit einer rhythmisch bewegten Melodie antworten und jeder sollte darauf achten, daß der Rhythmus der Schlagzeuggruppe und der der Melodie sich trotz einer angestrebten Gegensätzlichkeit möglichst ergänzen.

Das gleiche läßt sich auch machen, wenn man jede Taktzeit in zwei Schläge unterteilt.

Ein weiteres Mittel, um den Taktschwerpunkt zu entlasten, ist *der rhythmische Kanon*. Ein rhythmisches Thema wie dieses:

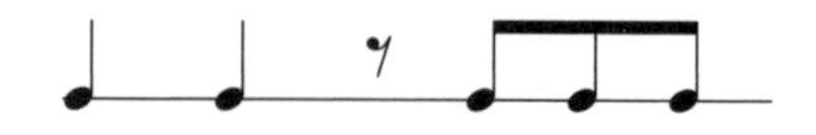

kann man als vierstimmigen Kanon spielen:

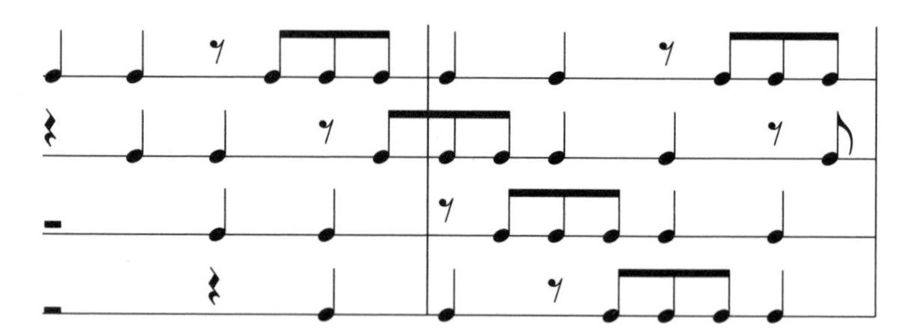

Dazu können Pauke und Triangel einen Dreiertakt schlagen:

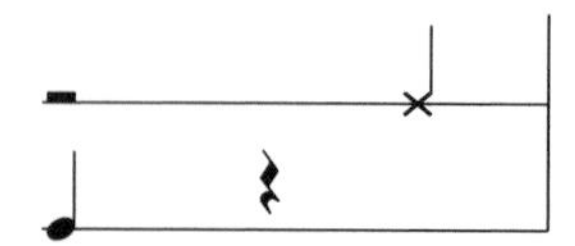

Die Aufgabe für die Spielenden ist nicht nur, den eigenen Rhythmus sicher zu beherrschen, sondern auch – und das muß stufenweise geübt werden – die anderen Rhythmen zugleich wahrzunehmen.

Von einem ehemaligen Studenten und jetzigen Waldorfmusiklehrer, Friedemann Geißler, habe ich das folgende mit «Merksilben» versehene, rhythmische Thema übernommen:

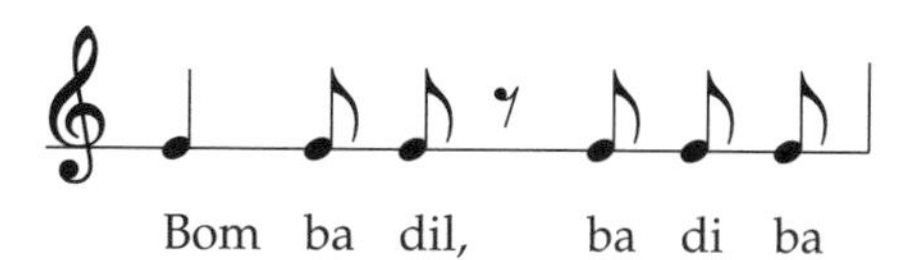

Man kann es ebenfalls als vierstimmigen Kanon spielen oder sprechen:

Besonders reizvoll wird es, wenn dazu noch individuell Silben betont werden dürfen.

Nun kann man das Kanonspiel noch freier gestalten:

Man bildet zum Beispiel drei Gruppen zu je drei Spielern, eine Gruppe mit Bongos, eine Gruppe mit Klanghölzern und eine Gruppe mit Congas. Eine Pauke und eine Triangel geben mit eins und vier einen Vierertakt vor. Ein Spieler entwirft ein rhythmisches Thema und die anderen zwei seiner Gruppe spielen es im Kanon. Pauke und Triangel treten zurück, da das Taktgrundmaß inzwischen aufgegriffen worden ist. Jetzt setzt die zweite Gruppe mit einem anderen, möglichst gegensätzlichen Thema, auch im Kanon gespielt, ein, dann ebenso die dritte Gruppe. Pauke und Triangel greifen nun so ein, daß sie entweder taktorientierend oder mehr schwerpunktauflösend wirken.

In den Kanons sind kleine Abweichungen durchaus möglich. Manchmal verbessern sie sogar das Thema und werden dann von den anderen aufgegriffen.

Zwischendurch sollte man immer wieder Übungen für das innerliche Taktgefühl machen: Eine Gruppe klatscht einen Fünfertakt mit betonter 1, die andere zum Beispiel einen Siebenertakt mit betonter 1, dann läßt man die unbetonten Schläge weg, so daß nur noch die Taktanfänge mit ihren wechselnden Abständen hörbar sind. Spätestens beim gemeinsamen 36. Schlag wird man merken, ob alle das gleiche Maß hatten.

Eine wesentliche Übung ist der Umgang mit dem 3er- und dem 2er-Maß in derselben Zeiteinheit. Aus der Musikgeschichte wissen wir, wie revolutionierend es war, als Philippe de Vitry Anfang des 14. Jahrhunderts das «tempus imperfectum», das Zweier-Maß, im Gegensatz zu dem bis dahin vorherrschenden «tempus perfectum» einführte. Man wird beim Studium der Lebensgewohnheiten der Menschen in jener Zeit bemerken können, daß das Interesse von jetzt an merklich stärker auf das Irdische gerichtet war und allerlei Einrichtungen getroffen wurden, die das spätere Zivilisations- und Wirtschaftswesen bestimmten.[46]

Nun ist das Erleben der rhythmischen Dreiheit ja wirklich ein ganz anderes als das der Zweiheit.

Um das zu studieren, teile man einen Grundschlag erst in zwei Schläge, führe das vielleicht dreimal durch und teile ihn dann in drei Schläge und wechsele öfter.

Gerade im Hintereinander dieser zwei rhythmischen Urformen spürt man deren grundverschiedenen Charakter. Man wird dann erleben, daß man das Maß der Dreiteilung nach den zwei Schlägen am besten rhythmisch erfühlen kann, wenn man in sich so etwas wie eine kreisende, der Schwerkraft enthobene Bewegung empfindet. Das Zweier-Maß verbindet uns mehr mit der Erdenschwere.

Noch bis in die Barockzeit hinein wird die ursprüngliche Qualität des «tempus perfectum» empfunden. Heinrich Schütz zum Beispiel geht in seinen Motetten sehr häufig, wenn der Name «Christus» im Text erscheint, vom tempus imperfectum in das tempus perfectum über, die geistige Sphäre andeutend, die IHN umgibt. Und in dem schönen, alten Adventslied *Es kommt ein Schiff geladen* (Melodie aus dem 17. Jahrhundert) wird uns dieses Verhältnis von 3 zu 2 exemplarisch vorgeführt. Wenn man dieses Lied singt, ist es wichtig, daß beim Übergang vom Sechsviertel- zum Viervierteltakt auch wirklich das Verhältnis h.=h eingehalten wird, d. h der in zwei Schläge unterteilte Sechsvierteltakt ist zeitlich gleich dem Viervierteltakt. Das Grundmaß des ganzen oder halben Taktes bleibt, wird aber einmal in sechs bzw. drei, das andere Mal in vier bzw. zwei Schläge eingeteilt. – Heute spricht man allgemein von einem Triolenverhältnis. – Das Lied beschreibt den Übergang vom Wasser aufs Land («Der Anker haft' auf Erden») nicht symbolisch, sondern im Erlebnis des Dreier- und Zweiermaßes.

Aber nicht nur von Wasser und Land ist die Rede, sondern auch von Geist und Verkörperung («Das Wort tut Fleisch uns werden»). Im Dreier-Rhythmus stehen wir jener Erlebnissphäre näher, die wir anfangs mit «Quintenstimmung» beschrieben haben, und das Zahlenverhältnis der Quinte ist 2 zu 3. Es ist in alten Zeiten diese Qualität des rhythmischen Zweier- und Dreier-Prinzips noch sehr real empfunden worden.

Und nun lassen wir in unseren Übungen etwas davon nacherleben. Bekannt ist die Übung, in der man mit der einen Hand einen Dreier- und der anderen Hand einen Zweier-Takt dazu schlägt (oder man verteilt das Ganze auf zwei Gruppen). Das ist verhältnismäßig einfach, da der zweite Schlag des Zweier-Taktes genau zwischen dem zweiten und dritten Schlag des Dreier-Taktes liegt. Interessant wird es, wenn der Dreier-Takt zwischendurch aufhört und nur noch der Zweier-Takt hörbar ist. Dann merkt man, daß man vorher nur den Zwischenschlag, aber nicht die andere Qualität des Zweier-Taktes wahrgenommen hat.

Man wird mit dem Hintergrund dieser Erlebnisse nun versuchen, in kommenden Übungen, wo Melodien gebildet werden sollen, diesen von Zeit zu Zeit durch Triolen ein besonderes Bewegungselement zu verleihen, indem man zum Beispiel einen festen Grundrhythmus im 4/4-Takt vorgibt und einem Melodiespieler die Aufgabe stellt, durch Synkopen und Triolen die größtmögliche freie Bewegung der Melodie innerhalb des Taktrahmens zu erreichen.

Nun kann man übergehen zu zusammengesetzten Rhythmen Bartókscher Art, zum Beispiel 3 + 2 + 3. Einige schlagen die Taktzeiten aus, andere schlagen nur den jeweils ersten Schlag der einzelnen Gruppen 3, 2 und 3.

Dazu wird nun eine Melodie gespielt. Angeregt durch den bewegten Rhythmus, wird diese selbst auch einen sehr bewegten, jedoch möglichst andersartigen Rhythmus haben. Die Orientierung am Taktschwerpunkt tritt immer weiter zurück, und mehr und mehr macht es Freude, sich im Bewegten zu halten. Eine alternierende Melodie kann noch hinzutreten, wobei manche Partien sich auch überlappen dürfen.

Solche Übungen kann man nun mit verschieden zusammengesetzten Rhythmen machen.

Auch wird man zur Vorbereitung der Chorliteratur in der neunten Klasse rhythmisch-melodische Übungen finden, die exemplarisch für ein Chorwerk sind.

Interessant ist es, wenn man den Takt überhaupt erst einmal entstehen läßt:

Etwa sieben Teilnehmer mit verschiedenen Schlaginstrumenten versuchen – beginnend mit den «Klingern»: Gong, Triangel, Becken –, die einzelnen Klangereignisse aufeinander zu beziehen, zum Beispiel durch Imitation rhythmischer Motive oder durch Erfinden von Gegenrhythmen. Dieses Wechselspiel ordnet sich langsam in einen Takt ein, der durch das Zusammenspiel *aller* entsteht, und nicht durch die Vorgabe eines einzelnen. Der entstandene Takt wird, wenn er zu starr wird, durch die bekannten Möglichkeiten wieder aufgelockert.

Es wäre nicht schlecht, den Takt nun wieder ganz aufzulösen, jedoch ist eine neunte Klasse häufig mit dieser Aufgabe überfordert. Das verschiebt man besser in die zehnte oder elfte Klasse.

Es sind hier nur einige Beispiele geschildert worden. In dieser Form lassen sich mannigfaltig Übungen entwickeln, die sich, wie gesagt, zum Beispiel an den gerade gesungenen Chorwerken, aber auch an den Fertigkeiten der Schülerinnen und Schüler einer Klasse orientieren. Man achte darauf, daß in diesen Übungen auch immer und immer wieder virtuose Herausforderungen enthalten sind. Sie spielen für eine neunte Klasse noch eine große Rolle.

Jetzt wollen wir an die harmonischen Übungen aus der achten Klasse anknüpfen. Wir haben dort gelernt, Melodien in ein Kadenzschema einzuordnen. Das greifen wir auf, schaffen uns aber dadurch mehr Freiheit, daß wir die Kadenzakkorde färben und so zu der funktionalen Ordnung die Farbe hinzufügen. Ein Melodieton kann jetzt entweder dem darunter liegenden Akkord angehören oder Vorhalt oder auch Farbe sein. «Richtig» und «Falsch» treten allmählich gegenüber einem Abspüren einer «sinnvollen» Melodieführung zurück.

Es eignet sich zum Beispiel eine solche Kadenz:

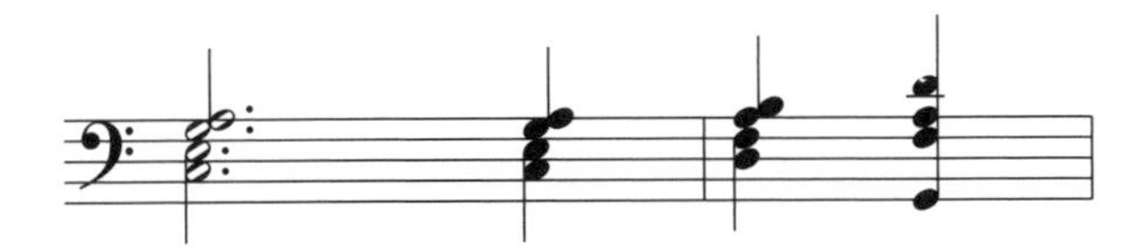

Auf zwei Schüler verteilt, läßt sie sich leicht spielen. Oder farblich noch etwas weitergehend:

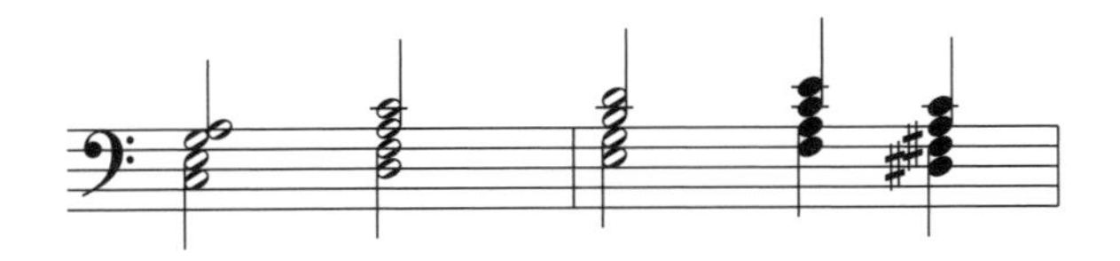

Es ist jetzt leichter, schöne Melodien dazu zu finden, weil die Möglichkeiten vielfältiger werden. Reizvoll ist es, chromatische Durchgangstöne zu verwenden oder auch in C-Dur «es», die kleine Terz, und b, die kleine Septim, als Ausdrucksmittel einzusetzen, so wie es im Jazz vielfach üblich ist.

Solche und ähnliche Aufgaben lassen sich natürlich auch gut mit rhythmischen Übungen verbinden und man hat genug Material zur Verfügung, um auf der einen Seite sich in freieren rhythmischen Formen, auf der anderen Seite in freieren harmonischen Zusammenhängen zu üben.

Eine andere Möglichkeit, um dahin zu gelangen, bieten die Anfang des 20. Jahrhunderts oft benutzten Kirchentonarten. Aus Carl Orffs *carmina burana* läßt sich zum Beispiel folgende Übung ableiten:

Der Baß bekommt die Töne d, a und e, eine Begleitstimme benutzt eine Oktave höher die Töne c, a, d in beliebiger Reihenfolge und rhythmischer Gruppierung, dazu wird eine freie Melodie in Dorisch improvisiert. Wechseln die Baßtöne nur selten, so entstehen lange Teile, in denen die Melodie auf d steht und Teile, in denen sie zum Beispiel auf a steht. So bilden sich Klangräume, die durch die Begleitstimme unterschiedlich gefärbt werden. Man achte darauf, daß trotz der Eingeschränktheit der Begleitstimme zwischen ihr und der Melodie eine gewisse Korrespondenz entsteht.

Das Ziel all der beschriebenen Übungen läßt sich allgemein, aber nie genau definieren: Durch das, was die Spielerinnen und Spieler an Ideen hereinbringen, entstehen immer wieder neue Anknüpfungspunkte, aus denen wieder neue Zielsetzungen hervorgehen können. Wenn wir auf Entdeckungsfahrt gehen, wissen wir trotz aller Vorgaben oft nicht genau, wo wir landen. Aber oft belehren uns Überraschungen und führen uns unerwartet und ganz «unplanmäßig» zu neuen Erkenntnissen.

Wir werden an die zuletzt beschriebenen Übungen später, spätestens in der elften Klasse, wieder anknüpfen.

Eine Zwischenbetrachtung

Die Frage, wie lange und wie oft man solche Übungen im Unterricht machen soll, haben wir für die Unterstufe schon beantwortet. Auch in der Oberstufe sollte man eine Zeit von etwa 20 Minuten nicht überschreiten, weil dann die Kraft des intensiven Zuhörens nachläßt. Normalerweise wird man die improvisatorische Arbeit in den ersten Teil des Unterrichts legen und gegen Ende des Unterrichtes zu Fragen kommen, die in der folgenden Musikstunde wieder aufgegriffen, vertieft oder beantwortet werden können. So beziehen wir die Nacht mit ein, in welcher ernsthaft gestellte, echte Fragen einen Reifungsprozeß durchlaufen, ein Phänomen, was sicher jeder Künstler kennt. Auch für den Lehrer, der in bezug auf die jungen Menschen und ihre inneren Anliegen wie auch in bezug auf den Unterrichtsinhalt jeden Tag vor neuen Fragen steht, wird die Einbeziehung dieser geistigen «Geschenke der Nacht» immer wichtiger werden.

Man wird sicher nicht das ganze Jahr über solche Improvisationsübungen in den Unterricht miteinbeziehen. Es ist gut, mit anderen Übungen zu wechseln, die sowohl der musikalischen Fertigkeit wie auch der Erkenntnis dienen. Da bietet sich die stimmliche Arbeit an. Es wird sicher jeder Erfahrungen aus dem eigenen Studium und der eigenen Arbeit mitbringen. Wichtig scheint es mir, daß stimmliche Übungen auch eine seelische Schulung mitbeinhalten und Erfahrungen über das Wesen des Tones, das Wesen des Klanges vermitteln, so wie das in den von Rudolf Steiner inspirierten Gesangsschulen, zum Beispiel in der Schule von Valborg Werbeck-Svärdström,[47] aber auch in anderen Gesangsausbildungen, denen der beschriebene Aspekt wichtig ist, angestrebt wird. Die heutigen Jugendlichen suchen danach, und sie haben ein feines Empfinden dafür, was hinter einer stimmlichen Arbeit steht.

Übungen in der zehnten Klasse

Nach alledem, was wir bisher über die zehnte Klasse, über Unterrichtsinhalte und -ziele uns klargemacht haben, wird es sinnvoll erscheinen, jetzt zu Übungen überzugehen, die sich an musikalischen Formelementen orientieren.

In vorangegangenen Übungen erklangen öfter schon einmal zwei Melodiestimmen teilweise gleichzeitig. Jetzt machen wir auf einige kontrapunktische Gesetzmäßigkeiten aufmerksam. Wir erinnern zum Beispiel daran, daß wir schon in der vierten Klasse Melodien aus Spannung und Bewegung heraus gebildet haben, wobei das Bewegungselement durch Sekundläufe in Erscheinung trat, die Spannungen mehr durch die größeren Intervalle erzeugt wurden. Jetzt trennen wir diese beiden Elemente.

Ein Spieler spielt nur Sekunden, der andere vorwiegend größere Intervalle. Wir haben also eine reine Bewegungsmelodie und eine spannungsvolle Melodie.

Man wird versuchen, in die Sekundbewegung dadurch eine Struktur hereinzubekommen, daß zum Beispiel zwischen jeweiligen Spitzentönen übergeordnete Spannungen entstehen, und in der spannungsreichen Melodie wird man wiederum auf Sekundbrücken, also auch hier auf «übergeordnete» Bewegung achten. Es ist bei dieser Übung fast jeder Zusammenklang möglich, da das Ohr des Zuhörers, natürlich auch das des Spielers, mit der Sekundbewegung mitgeht und gegebenenfalls jeden Klang an geeigneter Stelle «auflöst». Es ist daher gut, die spannungsreiche Melodie langsamer schreiten zu lassen, so daß großenteils ein Verhältnis 1:4 oder wenigstens 1:2 zur Sekundmelodie herrscht. Das kann so aussehen:

Nach einiger Übung des Einander-Wahrnehmens treffen die Erwartungen, die man dem anderen gegenüber hegt, immer häufiger ein. Man wird von selbst darauf kommen, in welchen Situationen man zum Beispiel besonders auf «Gegenbewegung» achten muß.

Nachdem wir diese Übung nun auch so gemacht haben, daß die Spielerinnen oder Spieler zwischendurch die Rollen getauscht haben – wobei man übt, den Zeitpunkt «gemeinsam» zu wählen –, können wir daraus nun eine bekannte musikalische Form entwickeln.

Wir improvisieren eine kleine zweistimmige Fuge:

Jemand entwirft ein Thema mit einem kurzen, prägnanten und in diesem Falle durch größere Intervalle gebildeten Themenkopf, dem eine «Einladung», die in den Kontrapunkt zum zweiten Themeneinsatz übergeht, folgt. Eine Fuge wird in einer solchen Improvisationsübung viel freier gehandhabt als in der Komposition. «Dux» und «comes» sind nicht an den Quintabstand gebunden, und, wie oft bei tonaler Beantwortung, kann eine Quinte im Dux mit einer Quart im Comes beantwortet werden. Sogar Spiegelungen sind erlaubt. Wenn es gelingt, im kirchentonalen Rahmen zu bleiben, sind Einsätze auf mehreren Stufen möglich, wobei dann oft Dur-Moll-Varianten des Themas entstehen.

Eine solche Fugenimprovisation ist auch für den im Musikalischen wenig Geübten verhältnismäßig einfach, wenn – darauf kommt es allerdings an – die Ordnung eingehalten wird. Während der erste Spieler die «Einladung» spielt, die sich in wenig zielgerichteten Sekundgängen bewegt, *muß* der zweite Spieler mit dem Thema einsetzen, worauf der erste Spieler einen günstigen Moment sucht, um die Sekundbewegung abzuschließen und für den nächsten Einsatz frei zu sein.

Also: Thema ____ Sekundbew. ___________ Thema

Thema _____ Sekundbew. __usw.

Beide Spielerinnen oder Spieler sollten gemeinsam streng auf die Einhaltung der Form achten. Kommt man doch einmal aus dem Formgefüge heraus, so kann man in der Art der vorigen Übung ein Zwischenspiel inszenieren, aus welchem einer von den beiden Akteuren wieder ins Thema geht.

Man achte darauf, daß die Kriterien der Beurteilung einer solchen Fugenimprovisation im Meßbaren liegen, so daß hier das geübt wird, was wir beschrieben haben als die Schulung des Urteils an der äußeren Form und am Meßbaren.

Es sei noch ein Beispiel hierzu angefügt. In der Praxis sind die Dinge immer einfacher als in der Beschreibung.

Wichtig ist, daß die Themen kurz und daher gut erinnerbar sind. Es macht nichts, wenn im Verlauf das Thema etwas variiert. Gut eignen sich rhythmisch markante Themen, die sich gegen die gleichmäßige Sekundbewegung deutlich absetzen, wie etwa:

Ein Problem ist, wie z. B. für die Komposition einer Fuge, der Schluß. Man braucht schon einen Kunstgriff, um die sich ständig wiederholende Form zur Ruhe zu bringen. Hier wird man zu den bekannten Mitteln wie Vergrößerung (Augmentation) und Orgelpunkt greifen.

(Eine Engführung entsteht eher aus Versehen.) Auf jeden Fall bedarf die Schlußgestaltung besonderer gegenseitiger Aufmerksamkeit.

Andere Möglichkeiten kontrapunktischer Formen ergeben sich, wenn man folgende Übung macht: Einer gedehnten Melodie, die sozusagen die cantus-firmus-Stelle einnimmt, steht eine bewegtere Melodie gegenüber. Hierbei soll auf alles geachtet werden, was man bisher schon angewendet hat: Gegenbewegung, Spannungs- und Bewegungselemente, und man wird sich einhören in die richtige Fortführung von in diesem Rahmen noch dissonanten Intervallen. Dabei können dann öfter die Rollen der Spieler getauscht werden, so daß eine lebendige Polyphonie entsteht. Mehr in den klassischen Bereich führen jetzt Übungen, in denen Melodien mit Dominant-Halbschluß gebildet werden.

In d-moll bildet man zum Beispiel auf dem Baßton eine Melodie von der Länge zweier Viertaktperioden, an deren Ende der Baß auf a geht und so im Zusammenhang mit der Melodie ein Dominanthalbschluß entsteht. Der zweite Teil beginnt wieder auf d und kadenziert am Schluß. Man kann diese Übung natürlich auch in Dur machen.

Jetzt wählt man sich eine gelungene Melodie aus, um sie zu einem Rondo-Thema zu machen. Dieses wird abgelöst durch Zwischenteile, die zum Beispiel in einer parallelen Tonart stehen und im Charakter der Melodie sich vom Thema absetzen. Man kann diese Übung auch mit drei Schülerinnen oder Schülern besetzen, so, daß einer den Baß, der zweite das Rondothema und der dritte die Zwischenmelodien spielt.

Bei dem nächsten Beispiel greifen wir wieder auf Übungen aus der fünften Klasse zurück: Jemand spielt zum Beispiel die Quinte a/e mit a als Grundton. Auch jetzt wieder darf die Quinte sich zur Sext erweitern oder zur Quart verengen. Die dazu klingende Melodie soll häufig Aufeinanderfolgen von Terzen und Sekunden verwenden und an geeigneter Stelle in parallel geführte Quarten oder auch in einen Mixturklang aus Grundton-Quint-Oktav übergehen.

Dadurch kommt ein deutliches Farbelement in das harmonische Grundgerüst herein. Nun führt man einen Mittelteil in der Art ein, daß die Melodie auf einem Ton verharrt oder einen Ton umspielt, was den Baß veranlaßt, sein Spiel zu unterbrechen. Die Melodie ist jetzt frei von Takt und harmonischer Bindung und kann sich im ungebundenen Atemrhythmus bewegen. Man merkt in dem Moment, wie schwer es fällt, diese Freiheit wirklich auszukosten. Die harmonische und taktliche Bindung wirkt oft noch sehr lange nach; und das Umstellen in ein völlig neues Bewegungselement ist mühsam. Das aber gerade ist es, was geübt werden soll. An geeigneter Stelle geht die freie Melodie dann in die taktlich gebundene über und der Baß setzt wieder ein.

Das sind nur wenige Beispiele, wie man Formelemente, die allenthalben in der Musik vorkommen, in kleinen Übungen studieren und ihren Wirkungen nachgehen kann. Die angeführten Beispiele sollten einen Anreiz geben, selber vielfältige Übungsmöglichkeiten zu finden, die das für die zehnte Klasse geschilderte Erfahrungsfeld bereichern.

Übungen für die elfte und zwölfte Klasse

Um ein Empfinden für die Möglichkeiten der Chromatik zu erwekken, können wir in einer elften Klasse zum Beispiel folgende einfache Übung machen:

Der Baß beharrt auf dem Grundton c, von der Oktave c' schreitet langsam chromatisch eine zweite Stimme abwärts. Dazu wird nun eine Melodie gespielt, die auch chromatische Töne verwenden darf. Dadurch, daß die Mittelstimme gleichmäßig chromatisch fortschreitet, kann die Melodiespielerin oder der Melodiespieler sich im voraus schon auf den zu erwartenden Klang einstellen. Ist man in der Begleitstimme bis zur Terz c e gekommen, so kann der Grundton auf f wechseln, und das Ganze wiederholt sich auf dem neuen Grundton. Um die Kadenz vollständig zu machen, geht der Grundton anschließend über fis nach g, worauf sich die ganze Sache in g wiederholt, um dann wieder nach c zurückzugehen. Durch die Vielfalt der tonartlichen Beziehungen und der Vorhalte ist für die Melodie vieles möglich, und es kommt darauf an, die richtigen Fortschreitungen zu finden.

Wir greifen nun auf eine kontrapunktische Übung zurück: Einer langsamen cantus-firmus-Melodie steht eine bewegte Melodie gegenüber. Diesmal aber dürfen beide Melodien auch chromatische Töne benutzen. Dadurch entstehen verschiedene tonartliche Ausweichungen.

In einer nächsten Übung dient uns die bewährte Bordunquinte wieder als Baß. Diesmal aber darf die Quinte a e sich chromatisch ausdehnen oder verengen, also:

Die dazu gespielte Melodie kann nun wieder chromatische Töne benutzen, wobei zum Beispiel auch «Brückenchromatik» angewendet werden soll, also:

Hierbei bietet es sich an, einen Mittelteil zum Beispiel auf b oder f einzufügen.

Um dem näherzukommen, wie durch solche Prozesse Stimmungen entstehen, kann man nun anregen, Musik zu einem lyrischen Gedicht zu machen, als Vor-, Nach- oder Zwischenspiel oder auch teilweise melodramatisch. So wird erlebbar, welche Wirkungen gewisse musikalische Wendungen im Empfinden der Menschen auslösen. Natürlich wird man hierfür noch verschiedene andere Instrumente außer den immer noch vorgesehenen Metallophonen benutzen.

Wir gehen nun wieder den anderen Weg, um das Tonartengefüge zu lockern, den Weg über die Kirchentonarten, und knüpfen dabei an eine Übung an, die wir für die neunte Klasse beschrieben haben: Der Baß hat drei Töne zur Auswahl, d, a und e, die sehr sparsam eingesetzt werden sollen, d. h. ein Ton soll lange Baßton bleiben. Die Mittelstimme schafft Klangfarben durch parallel geführte Dreiklänge, die größtenteils in Sekundschritten verlaufen. Dazu werden eine oder auch zwei Melodien gespielt. Das Ganze sieht dann etwa so aus:

Wenn wir zwei Melodien haben, so sollten sie kontrapunktisch

geführt werden, einander imitieren und versuchen, auch eine Beziehung zur Mittelstimme zu schaffen. Die Mittelstimme ist dafür verantwortlich, daß der Rhythmus möglichst beweglich bleibt, und die Baßstimme sucht den richtigen Moment, um den Baßton zu wechseln; das ist jedesmal ein Ereignis. Triangel und Becken können das Ganze noch wirkungsvoll ergänzen.

Verlassen wir nun die Grundtonbindung und gehen zu einer Übung über, die *claire de lune* aus der *suite bergamasque* von Claude Debussy entnommen ist. Der Spieler der Begleitstimme spielt einen Septakkord, sagen wir $\begin{smallmatrix}e\\c\\a\\f\end{smallmatrix}$. Die Septime löst sich auf, nimmt aber die darunter liegende Terz mit, so daß nun der Terz-Quart-Akkord $\begin{smallmatrix}d\\h\\a\\f\end{smallmatrix}$ entsteht. In gleicher Weise löst sich jetzt die Sekunde auf, die untere Terz geht einen Ton nach unten und es entsteht wieder ein Septakkord.

Dieser Vorgang wiederholt sich sequenzartig. Dazu eine wohlklingende Melodie zu spielen, ist nicht schwer, da die Melodietöne sowohl harmonischer Bestandteil wie Vorhalt oder auch Farbton sein können und da, obgleich das Ganze noch im Kirchentonalen fixiert ist, doch keine eindeutige Tonart existiert. Deshalb ist es andererseits nicht leicht, einen Schluß zu finden. Zwar kann man alles in einen Dreiklang auflösen, aber das erscheint fast wie ein Rückschritt, nachdem man sich schon so sehr in eine freie Klangfarbenwelt eingelebt hat. Besser ist es, wenn alles zum Schluß zum Beispiel in einem Septimenklang zur Ruhe kommt oder sich in klanglich-melodische Elemente auflöst.

Ein möglicher Anfang:

und ein möglicher Schluß:

mögen als Verdeutlichung genügen.

Eigentlich benötigt man für diese Übung ein tieferes und ein höheres Instrument, da die sequenzartige Begleitung einen großen Tonraum braucht und die Melodie möglichst über der Begleitstimme liegen soll. Man kann aber zum Beispiel auch mit einem Metallophon und einem Blasinstrument arbeiten.

Ein nächster Schritt führt zu noch freierer Gestaltung, indem der Baß Terz-Quart, Quint-Sext und Septakkorde in freier, sinnvoller Folge spielt, zum Beispiel:

Jetzt muß sich allerdings die Baßspielerin oder der Baßspieler darin üben, gute und weniger gute Verbindungen möglichst genau vorzuhören. Das wird zunächst ein Vorahnen sein. Man kann überhaupt beobachten, wie manches von den Schülerinnen und Schülern erstmal «ertastet» wird. Beim Spielen des Xylophons oder Metallophons sind die Arm- und Handbewegungen mit in den Hörprozeß einbezogen. Das gilt entsprechend natürlich auch für jedes andere Instrument. Besonders beim Improvisieren wird das genaue Hören durch langes Üben oft über den Bewegungssinn erschlossen.

Schon die vorige Übung, besonders aber diese, verlangt eine gewisse Fertigkeit im Umgang mit vier Schlegeln, die sicher nicht jeder erreichen wird. Doch wird es viele geben, die die Mühe nicht scheuen, auch mit solchen Anforderungen fertigzuwerden.

Der Weg, den man beschreitet, um sich für die Freiheit fähig zu machen – wir sind inzwischen am Ende der elften oder Anfang der zwölften Klasse angelangt – beinhaltet unter anderem, daß man lernt, immer mehr auf äußere Angaben und Vorgaben zu verzichten und aus eigener Verantwortung uneigennützig zu handeln. In vielen unserer Übungen sollen dafür Fähigkeiten veranlagt werden.

Ein besonderer Fall in dieser Richtung liegt vor, wenn wir uns mit einer Tonfolge befassen, die durch ihre Struktur kaum eine Gesetzmäßigkeit vorgibt. Eine solche Folge ist die sogenannte Ganztonleiter:

Ihr wichtigstes Intervall ist der Tritonus. Mit den im Kapitel über die Intervalle geschilderten Eigenschaften prägt er diese eigentümliche Skala, die zum Beispiel Debussy in seinem zweiten Prélude verwendet. In der Ganztonleiter gibt es weder Grundton noch Quint-Quart-Gerüst, weder Leittöne noch Funktionsbezüge. Da es keine Gesetze gibt, kann es im Zusammenklang mehrerer Stimmen kein Richtig und kein Falsch geben. Und tatsächlich ist man erstaunt, daß alles «klingt». Man wird nur merken, daß solche Musik trotz vieler Kunstgriffe und Einfälle leicht ermüdend wirken kann. Man spürt, es fehlt die leitende Ordnung. Die muß jetzt von den Spielerinnen oder Spielern selbst geschaffen werden, indem sie zum Beispiel zeitweise einen Ton als Bezugston festhalten oder eine Stimme ein Ostinato bildet oder eine Steigerung dadurch herbeigeführt wird, daß ein Bezugston langsam nach oben wandert, oder daß die Stimmen einander imitieren, oder daß eine dreiteilige Form entsteht usw. Allzu feste Formen vertragen sich nicht mit dem Charakter der Skala. Meistens wird ohnehin, was man sonst nur schwer erreicht, in freiem, nicht taktgebundenem Rhythmus gespielt. Eine angemessene Form zu finden, alles das, was entsteht, dem eigenen bzw. dem gemeinsamen (es spielen ja Zwei) Formwillen zu unterwerfen, ist hierbei die Aufgabe.

Nun, da das funktionale Empfinden immer mehr zurücktritt, werden wir versuchen, ein Klangfarbenempfinden zu entwickeln. Wir stellen zum Beispiel die Aufgabe, daß ein Spieler nur parallel geführte Quinten, der andere nur parallel geführte Quarten spielen soll. Man wird dabei auf Klänge kommen, die spannungsreicher sind und solche, die mehr zur Ruhe kommen. Nun müssen beide Spieler nicht unbedingt gleichzeitig spielen. Es kann einmal die Quartmelodie sich mehr bewegen oder ein anderes Mal die Quintenmelodie. Dabei sollen die Spieler und Zuhörenden beobachten, wie sich Spannungen aufbauen und wieder lösen. Das kann so aussehen:

Wir bleiben bei dieser Übung vorerst noch im kirchentonalen Bereich, später kann man alle zwölf Töne benutzen.

In der nächsten Übung wollen wir versuchen, mit Dur und Moll in erweiterter Form umzugehen. Wir machen die Schülerinnen und Schüler darauf aufmerksam, daß Töne in ihrer inneren Bewegungstendenz sich ändern, wenn andere hinzutreten. Wir schlagen zum Beispiel die Terz $_{d}^{f}$ an und spielen dazu den Ton b. Diesen behalten wir bei, spielen dann aber dazu $_{d}^{fis}$ oder $_{d}^{e}$. Wir können spüren, besonders wenn wir den Ton b *singen*, wie in dem Ton einmal eine mehr aufstrebende, das andere Mal eine abwärts ziehende Tendenz zu beobachten ist. Durch den Wechsel fängt der Ton an zu «leben». (Das sind Erfahrungen, die man natürlich auch schon in der klassischen, vor allem aber in der romantischen Musik machen kann.) Wir versuchen jetzt, in der Begleitung öfter (aber nicht schematisch) die kleine und die große Terz zu wechseln und auch ab und zu die Sekund zu spielen, während die Melodie ihrerseits versucht, gleiche Tonfolgen einmal zur Dur- und einmal zur Mollterz zu spielen, selbst aber unter Zuhilfenahme aller zwölf Töne durch Alterationen Dur- und Mollelemente im Melodischen aufklingen zu lassen. Hier dazu ein Beispiel:

Wichtig ist, daß die Begleitung auf die Melodiestimme insofern eingeht, daß sie den richtigen Augenblick des Wechsels von der großen zur kleinen Terz oder zur Sekunde versucht ihr abzulauschen.

Man kann dann dazu übergehen, den Grundton zeitweilig zu wechseln, zum Beispiel nach a oder c, wobei die Melodie am besten immer an der Quinte des Grundtones ihren Ausgangspunkt nimmt. Für die Begleitung gibt es nun noch mehr Möglichkeiten. Sie kann zum Beispiel zum Grundton eine zweite Stimme von der Quint chromatisch abwärts gehen lassen, dann darf sie auch mal kleine Teile der Melodie imitieren, und wenn man dann zwischendurch noch die Rollen tauscht, bekommt man eine recht vielseitige Improvisation, die allerdings noch immer eine, wenn auch vielleicht nur zeitweilige, Grundtonbeziehung hat.

Darauf verzichten wir jetzt, wenn wir die folgende Klangübung machen: Zwei Spielerinnen oder Spieler spielen aufgefächerte Vierklänge. Man kann vereinbaren, daß der Baß jeweils als erster chromatisch abwärts fortschreitet und die anderen drei Stimmen (jeder Spieler hat zwei Stimmen) dadurch, daß sie nacheinander fortschreiten, den Klang jeweils verändern und wieder den Wechsel zwischen spannungsreichen und spannungsarmen Klängen suchen. Diese Übung sollte sehr langsam gemacht werden, damit man mit dem Hören nachkommt.

Nun wenden wir uns noch einmal der Melodie zu. Alle zwölf Töne können jetzt benutzt werden. Zu der Polarität von Spannung und Bewegung kommt aber neu hinzu das «Verdichten» und «Erweitern» von Melodien; im ersten Fall geht die Melodie von großen Intervallen (meist von oben kommend) zu kleinen über, im zweiten Falle ist es umgekehrt:

Man wird anfangs ein paar Hilfsmittel brauchen, um nicht immer wieder in tonale Bezüge zu kommen. So löst zum Beispiel der Tritonus solche Bezüge leicht auf, in kleinen Sekunden «fängt» sich die Melodie für einen Augenblick, die große Septime gibt ihr Weite und Quart oder Quint bringen ein gewisses Ordnungselement herein.

Man hat in der Chorliteratur der zwölften Klasse und in den Werkbetrachtungen genug Gelegenheit gehabt, sich mit solcher Musik vertraut zu machen. Ist man im Erfinden solcher Melodien etwas geübt, so kann man jetzt eine frühere kontrapunktische Übung im Bereich der zwölf Töne wieder aufgreifen: Einer langsamen Melodie steht eine bewegte gegenüber. Anfangs macht man es vielleicht so, daß auf einen Ton der langsamen etwa ein Atembogen der bewegten Melodie kommt.

Auch innerhalb dieser Übungen können die Rollen wiederum getauscht werden.

14.
Die freie Improvisation

An dieser Stelle angekommen, kann man sich jetzt an freie Improvisationen wagen. In ihnen wird sich nichts Willkürliches ausleben, weil auf der einen Seite der verantwortliche Umgang mit den musikalischen Elementen, auf der anderen Seite das Reagieren auf das, was die anderen Mitspieler tun, geübt wurde und bis zu einem gewissen Grade auch schon zur Fähigkeit geworden ist. Das war das Ziel des beschriebenen Weges.

Es wird zwischendurch immer wieder notwendig sein, nach Vorgaben zu arbeiten, sonst stellen sich in der freien Improvisation zu schnell schablonenhafte Wendungen ein, die sich einmal bewährt haben, die aber dann wieder einengen. Man wird also, wenn man eine Zeitlang frei improvisiert hat, wieder spezielle Übungen machen, um neue Fähigkeiten zu erwerben. Das ist unabdingbar, weil es auch ein allgemein geistiges Prinzip ist, daß alles Erreichte erstirbt, wenn es nicht stets von neuem belebt wird.

Worauf kommt es nun bei der freien Improvisation an?

Nehmen wir einmal an, sieben Spielerinnen und Spieler improvisieren mit Metallophonen, Xylophonen, Blas- und Rhythmusinstrumenten. Es wird selten vorkommen, daß alle sieben gleichzeitig spielen. Jeder muß also in jedem Moment abwägen, ob er jetzt gefordert ist oder nicht. Derjenige, der gerade nicht spielt, wird oft besser wahrnehmen können, was im Moment entstehen will, wobei er seine eigenen Intentionen zurückstellt, die auf der anderen Seite dann erwartet werden, wenn zum Beispiel ein Motiv ausgeschöpft ist und etwas Neues ansteht, das sich irgendwo schon angekündigt hat. Die Rhythmusinstrumente werden sich aufgefordert fühlen, verändernd einzugreifen, wenn der Takt zu fest geworden ist oder auch, wenn ein gewisses Taktmaß Ordnung schaffen muß. Melodieinstrumente werden versuchen, neue Motive aus dem bisher Dagewesenen entstehen zu lassen oder kontrapunktische Wendungen zu finden. Metallophone sind mehr für den Klangfarbenbereich verantwortlich, können aber auch manche Wendungen der anderen Instrumente imitieren, und alle werden sich bemühen, daß bei aller Konzentration auf den Augenblick insgesamt doch so etwas wie eine geschlossene Form entsteht, zum Beispiel durch das Aufgreifen eines Anfangsmotivs am Schluß oder durch das Gegenüberstellen zweier polarer Themen.

Niemand weiß, was sich entwickeln wird, aber ausgerüstet mit einigen Fähigkeiten, von denen man immer den Eindruck hat, daß sie nicht ausreichen, geht man mit den anderen zusammen das Wagnis ein. Ein echter künstlerischer Prozeß, den auch jeder kennt, der im Geistigen forscht oder im Sozialen tätig ist. Verzicht auf eigene Ideen, wenn sie nicht gefordert sind, andererseits aber Engagement dort, wo man es gar nicht erwartet hatte, wo man jedoch die Notwendigkeit sah, läßt manchen über sich hinauswachsen. Das aufmerksame Wahrnehmen und liebevolle Einbeziehen der Tätigkeit der anderen, auch wenn sie ganz ungelegen zu kommen scheint, erschließt soziale Kräfte in weitem Umfange.

Man wird bei den heutigen Jugendlichen verborgene Ideale finden, vor allem: die Sehnsucht nach einem neuen, besseren Menschenverständnis, die Sehnsucht, Einblick in die göttlich-geistigen Kräfte zu gewinnen, die in Mensch, Natur und Kosmos wirken, und die Sehnsucht, als freier Mensch Zukunft mitgestalten zu können und einer Evolution der Menschheit im christlichen Sinne zu dienen.[48] Solche Ideale sind heute oft vielfach überlagert, aber noch häufiger kommt es vor, daß der junge Mensch in einem bestimmten Zeitpunkt seines Lebens fühlt, daß ihm die Fähigkeiten, die zur Verwirklichung der Ideale notwendig sind, fehlen. Dann entstehen Enttäuschung, Zorn oder Resignation.

Für den Lehrer ist es, so meine ich, wichtig, das im Auge zu haben und dem jungen Menschen zu helfen, seine ihm innewohnenden und weit in die Zukunft weisenden Ideale verwirklichen zu können.

Ausblick

Mein Anliegen in diesem Buch war es zu zeigen, wie die Musik seelische Entwicklungen begleitet, fördert und schließlich in dem jungen Menschen Kräfte entwickelt, deren er in der heutigen Zeit bedarf. Es sind Kräfte, die ihn zur Verantwortung reifen lassen, die ihn freiheitsfähig machen. Zwar hat man auch in früheren geschichtlichen Zeiten die Musik als die große Erzieherin der Seele gesehen – die Überlieferungen aus der griechischen Zeit heben das besonders hervor –, jedoch stehen wir heute in einer Situation, in der die Musik in einer besonderen Weise wirken kann.

Da die Seele des Menschen sich sowohl dem Leiblichen wie auch dem Geistigen zuwenden kann, ist es ihr aus dieser Mittlerrolle heraus möglich, dem Menschen Wegweiser zu sein auf dem Wege ins Geistige. Davon hat Felix Messerschmid in dem schon erwähnten Beitrag gesprochen.[49] Das haben die großen Musiker am Anfang dieses Jahrhunderts empfunden und man kann es in ihren Schriften nachlesen.[50] Und gerade aus den Forderungen den Künstlern, aber auch den Zuhörern gegenüber, die hierin ausgesprochen sind, kann deutlich werden, daß wirklich, wie schon dargestellt, in diesem Jahrhundert eine Schwelle überschritten wird, jenseits derer der Mensch zu neuen Erkenntnissen kommen kann, wenn es ihm gelingt, durch innere Arbeit die in ihm schlummernden Fähigkeiten zu wecken.

Von dieser Schwelle spricht Bernhard Lievegoed, der bekannte niederländische Arzt und Pädagoge in seinem Buch *Der Mensch an der Schwelle*. Darin führt er aus, daß es zwei Grenzen sind, an denen der Mensch heute steht und die zu überschreiten ihm nicht nur ein Bedürfnis ist, sondern ihm mehr und mehr angesichts der heutigen Menschheitssituation als eine Notwendigkeit erscheinen muß. Über die eine Grenze führt der Weg den Menschen in das innerseelische

Gebiet, das sich bisher dem Bewußtsein noch kaum erschlossen hat, der andere Weg stößt durch die sinnenfällige Welt hindurch zu den geistigen Kräften, die sie gestalten.

Lievegoed schreibt, daß die Fähigkeiten, die der Mensch für diese Wege braucht, in der Mitte des Menschen ausgebildet werden müssen: *«Von der erstarkten und bewußtgewordenen Mitte aus kann der Mensch die Grenze des Inneren überschreiten und so den Kräften begegnen, die heute in steigendem Maße den Erinnerungsspiegel durchbrechen und das Tagesbewußtsein aus seinen Geleisen bringen.*

Dieser bewußte Weg ins Innere *ist die einzig wirksame Therapie gegen die wachsende Bedrohung durch die Kräfteinvasionen aus dem unbewußten Seelenleben. Und der* bewußte Weg ins Äußere *ist die Therapie für die Flucht in die Exkarnation durch Drogen, Alkohol und sonstige Betäubungsmittel.»*

In dieser Schrift habe ich versucht darzustellen, wie diese Kräfte in der Mitte des Menschen, die seelisch das Gefühlsleben beherbergt und sich physisch auf Atem- und Pulstätigkeit abstützt, von der vierten Klasse an in den verschiedensten musikalischen Übungen ausgebildet werden können.

Man mag vielleicht meinen, Musik sei zur Freude und Erholung da und sollte dem Menschen nicht auch noch Mühe machen. Dazu muß gesagt werden, daß es in einem Musikunterricht, wie er hier beschrieben wird, bei aller intensiven Arbeit durchaus recht fröhlich zugehen wird, und Freude gehört selbstverständlich zur Musik dazu, es weiß aber auch jeder, der Musik auch in der anfänglichsten Form treibt, daß die Freude an der Musik in dem Maße wächst, als durch Üben neue Möglichkeiten der Transparenz erschlossen werden, während das «Nur-Genießen-Wollen» auf die Dauer immer neuen Hunger erzeugt, der nicht zu stillen ist. Aber gerade der aktiven Beschäftigung mit Musik, der inneren Auseinandersetzung mit ihr durch eigenes schöpferisches Tun steht die Versuchung passiven Musikkonsums gegenüber. Es ist doch eben ein großer Unterschied, ob ich einem oder mehreren Musikern zuhöre und durch den seelischen Kontakt, aktives Mithören und inneres Mitgehen angeregt werde, oder ob ich Musik höre, die ein inneres Mitgehen sozusagen ignoriert, weil sie auf alle Zeiten festgelegt ist, wie wir es bei Tonband, Disc oder Schallplatte vorfinden. Selbst die sogenannten elektronischen Instrumente schalten mich aus dem Prozeß der Ton- und Klangentstehung aus.

Wir hatten schon die Schrift von Rüdiger Liedtke erwähnt. Ausführlich beschreibt und analysiert Heinz Buddemeier in seinen beiden Büchern *Illusion und Manipulation* und *Die unhörbare Suggestion* die Art und Weise, wie Bild und Musik in der Wiedergabe durch die Medien wirken. Es gibt immer Gebiete, in denen solche technischen Neuerungen sinnvoll erscheinen, für den hier beschriebenen Weg einer innerseelischen Entwicklung durch musikalisches Tun sind sie weitgehend unbrauchbar, ja sie wirken dem Ausbilden der beschriebenen Fähigkeiten und Kräfte insofern entgegen, als sie die innere Bereitschaft des Mitvollzugs ablähmen. Man kann beobachten, daß junge Menschen, die über Lautsprecher oder Kopfhörer sehr viel sogenannte rhythmische Musik gehört haben, oft nicht in der Lage sind, Improvisationen zu spielen, in denen der Rhythmus beweglich ist, Taktformen wechseln usw.

Der Musikunterricht, wenn er in der hier beschriebenen Weise gehandhabt wird, erfordert daher auch oft einen erheblichen Einsatz seitens des Lehrers. Aber er lohnt sich, wenn man merkt, daß die jungen Menschen sich angesprochen und in ihren eigentlichen Lebenszielen bestätigt finden. In den Mittelpunkt dieses Unterrichtes haben wir die Tätigkeit, das Probieren, das Entdecken-Lassen, das innere Miterleben, das schöpferische Gestalten bis hin zu eigenen Kompositionsversuchen gestellt. Die Improvisationsübungen haben wir, je weiter wir in die Oberstufe kamen, immer mehr aus dem Elementaren heraus, aus den Intervallen, Rhythmen, Klängen usw. entwickelt, denn nur aus dem Elementaren können wieder neue Formen, zeitgemäße Werke entstehen. In gewisser Weise stehen wir heute wieder vor einem Neuanfang. Und wenn wir uns durch den inneren Mitvollzug bewußt werden, wie die elementaren Phänomene der Musik im Menschen wirken, wie in ihnen Weltgesetzmäßigkeiten mit dem Seelischen des Menschen korrespondieren, und wenn wir eine Fortentwicklung der Menschheit im christlichen Sinne vor Augen haben, dann werden wir den jungen Menschen helfen können, ihre wahren Lebensziele in Freiheit zu finden und stufenweise zu verwirklichen. In diesem Sinne ist der Musikunterricht heute zutiefst mit der Zukunftsgestaltung der Menschheit verbunden. Musik kann, wie es Yehudi Menuhin ausdrückt, ein wesentlicher «Beitrag zur Rettung des Menschen» sein.

Literaturverzeichnis

Hermann Beckh, *Die Sprache der Tonart*, Verlag Urachhaus, Stuttgart 1941

Gerhard Beilharz, «Entstehung und Entwicklung der neuen Leier» in: *Erziehen und Heilen durch Musik,* Verlag Freies Geistesleben, Stuttgart 1989

– *Beispiele 1, Originalkompositionen für die Leier allein und mit anderen Instrumenten,* mit 17 Kompositionen von Pedroli et al., Edition Bingenheim im Verlag Freies Geistesleben, Stuttgart

Heinz Buddemeier, *Illusion und Manipulation,* Verlag Urachhaus Stuttgart 1987

– *Die unhörbare Suggestion,* Verlag Urachhaus, Stuttgart 1990

Reinhild Braß: «Schöpferisches Musizieren, Musik in der Widarschule» in *Erziehen und Heilen durch Musik*

Hilda Deighton, Gina Palermo, Dina Winter, *Singing and the Etheric Tone*, Anthroposophic Press Hudson, New York 1991

Herbert Hahn, *Vom Genius Europas,* Verlag Freies Geistesleben, Stuttgart 1965

Josef Matthias Hauer, *Vom Wesen des Musikalischen*, Verlag Robert Lienau, Berlin 1966

Peter Heilbut, *Klavierspielen,* Schott-Verlag, Mainz 1993

Erziehen und Heilen durch Musik, Hrsg. Gerhard Beilharz, Verlag Freies Geistesleben 1989

Kurt Honolka, *Weltgeschichte der Musik.* Rheingauer Verlagsgesellschaft, Eltville 1976

Frits Julius, *Stoffeswelt und Menschenbildung, Teil I und II,* Verlag Freies Geistesleben, Stuttgart 1978

Johannes Kiersch, *Fremdsprachen in der Waldorfschule,* Verlag Freies Geistesleben 1992

Julius Knierim, *Spielbuch 1 – 3*, Edition Bingenheim im Verlag Freies Geistesleben, Stuttgart

Klaus Knigge, *Kanons,* Edition Bingenheim im Verlag Freies Geistesleben, Stuttgart 1994

Zoltán Kodály, *Mein Weg zur Musik. Fünf Gespräche mit Lutz Besch,* Verlag zur Arche, Zürich 1966
Alois Künstler, *Musik für Leier*, Edition Bingenheim im Verlag Freies Geistesleben, Stuttgart
– *Spielheft für Leier*, Edition Bingenheim im Verlag Freies Geistesleben, Stuttgart
Michael Kurtz, *Stockhausen. Eine Biographie,* Bärenreiter-Verlag, Kassel 1988
Ernst Lehrs, *Mensch und Materie,* Verlag Klostermann, Frankfurt 1953
Rüdiger Liedtke, *Die Vertreibung der Stille,* dtv. Bärenreiter-Verlag, Kassel 1988
Bernhard Lievegoed, *Der Mensch an der Schwelle,* Verlag Freies Geistesleben, Stuttgart 1986
Felix Messerschmid, «Die Ausbildung der Lehrer für Musik» in: *Gutachten und Studien der Bildungskommission, Bd. 17;* Ernst-Klett-Verlag, Stuttgart 1971
Olivier Messiaen, *Technik meiner musikalischen Sprache, Bd. 1 und 2,* Verlag Alfons Leduc, Paris 1966
Dieter Noll, *Liedbegleitung, Bausteine für Musikerziehung B 32,* Schott-Verlag Mainz 1970
Thomas Pedroli, «Gemeinsames Musizieren» in: *Erziehen und Heilen durch Musik,* Hrsg. G. Beilharz. s. o.
Christoph Peter, *Die Sprache der Musik in Mozarts Zauberflöte,* Verlag Freies Geistesleben, Stuttgart 1982
Hermann Pfrogner, *Lebendige Tonwelt,* Verlag Langen Müller, München-Wien 1976
Maria Renold, *Von Intervallen, Tonleitern, Tönen und dem Kammerton c = 128 Hz.*, Philosophisch-Anthroposophischer Verlag am Goetheanum, Dornach 1985
Peter-Michael Riehm, «Musikunterricht aus lebendiger Menschenkunde» in: *Erziehen und Heilen durch Musik,* Hrsg. G. Beilharz. s. o.
– *Lieder für die Unterstufe,* siehe Schaub
– *Chorheft für die Mittelstufe,* Edition Bingenheim im Verlag Freies Geistesleben, Stuttgart
– *Chorheft für die Oberstufe,* Edition Bingenheim im Verlag Freies Geistesleben, Stuttgart
Bernd Rosslenbroich, *Die rhythmische Organisation des Menschen,* Verlag Freies Geistesleben, Stuttgart 1994
Heiner Ruland, *Ein Weg zur Erweiterung des Tonerlebens,* Verlag Die Pforte, Basel 1981
Paul Schaub / Peter-Michael Riehm, *Lieder für die Unterstufe,* Ed. Bingenheim im Verlag freies Geistesleben, Stuttgart
Wolfgang Senft und Wolfgang Wünsch, *Tippe-Tappe. Ein Liederbuch für die Kleinen,* Selbstverlag der Freien Waldorfschule Bonn

Rudolf Steiner, *Geheimwissenschaft im Umriß,* GA 13, Rudolf Steiner Verlag, Dornach 1989
– *Anthroposophie, ein Fragment,* GA 45, Rudolf Steiner-Verlag, Dornach 1980
– *Geistige Zusammenhänge in der Gestaltung des menschlichen Organismus,* GA 218, Rudolf Steiner-Verlag, Dornach 1992
– *Esoterische Betrachtungen karmischer Zusammenhänge*, Bd. 3, GA 237, Rudolf Steiner-Verlag, Dornach 1992
– *Das Initiatenbewußtsein,* GA 243, Rudolf Steiner Verlag, Dornach 1983
– *Eurythmie als sichtbarer Gesang,* GA 278, Rudolf Steiner-Verlag, Dornach 1984
– *Das Wesen des Musikalischen und das Tonerlebnis im Menschen,* GA 283, Rudolf Steiner-Verlag, Dornach 1989
– *Seminarbesprechungen und Lehrplanvorträge,* GA 295, Rudolf Steiner Verlag, Dornach 1984
– *Die Erneuerung der pädagogisch-didaktischen Kunst durch Geisteswissenschaft,* GA 301, Rudolf Steiner-Verlag, Dornach 1991
– *Die gesunde Entwicklung des Leiblich-Physischen als Grundlage der freien Entfaltung des Seelisch-Geistigen,* GA 303, Rudolf Steiner Verlag, Dornach 1987
– *Über Gesundheit und Krankheit,* GA 348, Rudolf Steiner-Verlag, Dornach 1983
Karl-Heinz Stockhausen, *Du Mont Dokumente*
Bd. 1: Texte zur elektronischen und instrumentalen Musik
Bd. 2: Texte zu eigenen Werken, zur Kunst anderer, Aktuelles
Bd. 3: Texte zur Musik
Verlag M. Du Mont, Schauberg 1971
E. A. Karl Stockmeyer, *Rudolf Steiners Lehrplan für die Waldorfschulen,* Manuskriptdruck, Pädagogische Forschungsstelle, Stuttgart
Igor Strawinsky, *Musikalische Poetik*, Insel-Verlag 1960
Ernst Waldemar Weber, Maria Spychinger und Jan-Luc Patry, *Musik macht Schule*, Verlag Die blaue Eule, Essen 1993
Valborg Werbeck-Svärdström, *Die Schule der Stimmenthüllung,* Philosophisch-Anthroposophischer Verlag am Goetheanum, Dornach 1984
Wolfgang Wünsch, «Zur Theorie und Praxis künstlerischer Erziehungs- und Bildungsprozesse am Beispiel der Musikerziehung in der Waldorfpädagogik; mit Diskussion zwischen Prof. Thomas Ott und Wolfgang Wünsch» in *Pro und Contra Waldorfpädagogik* (Hrsg.: Otto Hansmann), Verlag Königshausen und Neumann, Würzburg 1987
– *Was ist dies, was ist das?* 12 neue Lieder für die Kleinen
– *Weiß mir ein Blümlein blaue*, zweistimmige Liedsätze nach alten Weisen

- *Chöre und Liedsätze für gleiche Stimmen*
- *Instrumentalsätze für Mittelstufenorchester*
- *Oh, ihr Unglücklichen,* Kantate nach Worten von Bertolt Brecht für zweistimmig gemischten Chor und Streichorchester.
  Alle hrsg. vom Institut für Waldorfpädagogik, Witten

Anmerkungen

1 Zoltán Kodály, *Mein Weg zur Musik. Fünf Gespräche mit Lutz Besch.* Verlag zur Arche, Zürich 1966.
2 Bernard Lievegoed, *Der Mensch an der Schwelle. Biographische Krisen und Entwicklungsmöglichkeiten,* Verlag Freies Geistesleben, Stuttgart [4]1994.
3 In: Rudolf Steiner, *Das Wesen des Musikalischen und das Tonerlebnis im Menschen,* GA 283, Rudolf Steiner Verlag Dornach.
4 Siehe Ernst Lehrs, *Mensch und Materie.* Verlag Klostermann, Frankfurt 1953.
5 Vgl. dazu Exupéry, *Der kleine Prinz.*
6 Siehe Rudolf Steiner, *Das Tonerlebnis im Menschen.* Siehe Anm. 3.
7 Siehe hierzu Rudolf Steiners Sinneslehre, zum Beispiel in *Anthroposophie, ein Fragment.* GA 45.
8 Siehe hierzu u. a. Rudolf Steiner, *Die Erneuerung der pädagogisch-didaktischen Kunst durch Geisteswissenschaft,* GA 301, 9. Vortrag.
9 Siehe Rudolf Steiner, *Geistige Zusammenhänge in der Gestaltung des menschlichen Organismus,* GA 218, 9. Vortrag, und *Über Gesundheit und Krankheit,* GA 348, 3. Vortrag.
10 Auf der Suche nach Literatur für Kantele und Leier wird man bei Gerhard Beilharz, Julius Knierim, Alois Künstler und Lothar Reubke fündig werden (siehe Literaturverzeichnis).
11 In dem gleichnamigen Liedheft vom Verfasser nach Texten von Hedwig Diestel und Christian Breme im Selbstverlag des Instituts für Waldorfpädagogik in Witten-Annen.
12 In *Tippe, Tappe. Ein Liederbuch für die Kleinen* von Wolfgang Senft und Wolfgang Wünsch. Hrsg.: Verein zur Förderung der Waldorfschulbewegung Bonn e.V.
13 P. M. Riehm, *Lieder für die Unterstufe,* Ed. Bingenheim im Verlag Freies Geistesleben.
14 Josef Matthias Hauer, *Vom Wesen des Musikalischen.* Österreichischer Musiker, der zu gleicher Zeit wie Arnold Schönberg die Kompositionsmethode auf Grundlage einer Zwölftonreihe entwickelte und u. a. viele Zwölftonspiele schrieb.
15 Rudolf Steiner, *Das Tonerlebnis im Menschen.* Siehe Anm. 3.

16 Josef Matthias Hauer, siehe Anm. 14.
17 Rudolf Steiner, siehe Anm. 3, Vortrag vom 8. März 1923.
18 «tempus perfectum» das vollkommene Zeitmaß, die Dreiteilung der Notenwerte – «tempus imperfectum» das unvollkommene Zeitmaß, die Zweiteilung der Notenwerte, eingeführt durch Philippe de Vitry (1291-1361)
19 Ein ganz ähnliches Beispiel mit dem gleichen Text aus dem Credo findet man in der Missa *Quem dicunt homines* von Ant. Divitis (ca. 1475 bis ca. 1526).
20 Siehe hierzu auch *Die Sprache der Musik in Mozarts Zauberflöte* von Christoph Peter, Verlag Freies Geistesleben, Stuttgart 1983.
21 Siehe Christoph Peter, *Die Sprache der Musik in Mozarts Zauberflöte,* S. 78 ff.
22 Siehe Rudolf Steiner, siehe Anm. 17.
23 Rudolf Steiner, *Konferenzen,* Band 3, GA 300, Rudolf Steiner Verlag Dornach, 1975.
24 Literatur hierzu findet man, wenn man nicht selbst Sätze schreibt, u. a. bei P. M. Riehm in *Chorheft für die Mittelstufe* (siehe Literaturverzeichnis), bei Wolfgang Wünsch in *Weiß mir ein Blümlein blaue,* bei Klaus Knigge und Zoltán Kodály. Siehe Literaturverzeichnis.
25 Vgl. hierzu die Tonartencharakteristiken von Hermann Beckh, *Die Sprache der Tonart,* Hermann Pfrogner, *Lebendige Tonwelt* und J. M. Hauer, *Vom Wesen des Musikalischen.* Siehe Literaturverzeichnis.
26 Wolfgang Wünsch, *Instrumentalsätze für Mittelstufenorchester.*
27 *Therapie über das Nervensystem,* Bd. 10, Hippokrates Verlag, Stuttgart 1972, II. Messungen im Bereich der Funktionssysteme, Sonderdruck.
28 Eine Ausgabe der Liedsätze von Klaus Knigge ist in Vorbereitung.
29 In *Chöre und Liedsätze* vom Verfasser.
30 Zum Beispiel Hans Bergese, *Europa im Lied,* Möseler Verlag, Wolfenbüttel und Zürich, und *Europäische Lieder in den Ursprachen,* Verlag Merseburger, Berlin.
31 Rüdiger Liedtke, *Die Vertreibung der Stille.* dtv Bärenreiter-Verlag, Kassel 1988.
32 Rudolf Steiner, siehe Anm. 17.
33 Der Geigenbaumeister Karl Weidler war Schüler von Franz Thomastik, welcher Anregungen von Rudolf Steiner im Instrumentenbau verwirklichte.
34 Peter Heilbut, *Klavierspielen.* Schott-Verlag, Mainz 1993.
35 Rudolf Steiner, *Die gesunde Entwicklung des Leiblich-Physischen als Grundlage der freien Entfaltung des Seelisch-Geistigen,* GA 303, 11. Vortrag.
36 Siehe Rudolf Steiner, *Seminaresprechungen und Lehrplanvorträge,* GA 295, 3. Vortrag.
37 Siehe auch zwölftes Kapitel.

37a Siehe Rudolf Steiner, Das Tonerlebnis im Menschen, 1. Vortrag.

38 Dr. Ernst Lehrs, ab 1923 im Kollegium der ersten Freien Waldorfschule in Stuttgart. Verfasser der Bücher *Mensch und Materie* und *Gelebte Erwartung.*

39 Manfred Bleffert, Instrumentenbauer in Heiligenberg am Bodensee mit eigener Instrumentenschmiede.

40 Siehe hierzu die Kapitel «Schöpferisches Musizieren Musik in der Widarschule» von Reinhild Braß und «Gemeinsames Musizieren» von Thomas Pedroli in *Erziehen und Heilen durch Musik* (herausgegeben von Gerhard Beilharz). Verlag Freies Geistesleben, Stuttgart 1989.

41 Hermann Pfrogner, *Lebendige Tonwelt.* Verlag Langenmüller, München/Wien 1976.

42 E. A. Karl Stockmeyer, *Rudolf Steiners Lehrplan für die Waldorfschule.* Pädagogische Forschungsstelle, Stuttgart 1965.

43 In *Musikunterricht aus lebendiger Menschenkunde.*

44 In Igor Strawinsky, *Musikalische Poetik.* Insel-Verlag 1960.

45 Siehe u. a. Rudolf Steiner, *Geheimwissenschaft,* GA 13, im Kapitel «Schlaf und Tod». *Esoterische Betrachtungen karmischer Zusammenhänge,* Bd. 3, GA 237, 2. Vortrag.

46 Symptomatisch sind z. B., erste öffentliche Leichensezierungen in Bologna (1306), erste Seekarten (ca. 1310), erste Hammerwerke in Deutschland (ca. 1320), erster Streik der Gürtler-Gesellen in Breslau (1329), erste Wetterbeobachtungsstation in Oxford (1337), erstes Girokonto in Venedig (1318), erster Kölner Karnevalsumzug (1341).

47 Siehe Valborg Werbeck-Svärdström, *Die Schule der Stimmenthüllung.* Dornach 1984.
An anderen von Rudolf Steiner inspirierten Gesangsschulen sind dem Verfasser bekannt: *Gesangsmethode* von Berty Jenny im Zusammenhang mit der Arbeit von Gracia Ricardo, heute in Aarhus (Dänemark), von Gudrun Tuxen weitergeführt (siehe im Literaturverzeichnis: Hilda Deighton, Gina Palermo, Dina Winter, *Singing and the Etheric Tone)* und die Gesangsmethode von Frau Führmann, dargestellt in der Schrift *Die Praxis des Gesanges unter geisteswissenschaftlichem Gesichtspunkt* von Maria Führmann (Neuauflage in Vorbereitung, Forschungsstelle des Bundes der Freien Waldorfschulen Stuttgart).

48 Rudolf Steiner spricht von diesen inneren Bildern in *Der Tod als Lebenswandlung.* GA 182, 6. Vortrag, Dornach 1986.

49 Siehe Seite 8.

50 Zum Beispiel in Schönbergs Artikel im *Blauen Reiter* (Piper & Co.-Verlag, München, Vor- und Nachwort zu seiner Harmonielehre), Anton Weberns *Der Weg zur neuen Musik,* die Schriften von Joseph Matthias Hauer usw.

«Menschenkunde und Erziehung»

Schriften der Pädagogischen Forschungsstelle
beim Bund der Freien Waldorfschulen

2
Erich Gabert
Autorität und Freiheit in den Entwicklungsjahren –
Das mütterliche und das väterliche Element in der Erziehung
76 Seiten, kartoniert

3
Gerbert Grohmann
Erste Tier- und Pflanzenkunde in der Pädagogik Rudolf Steiners
98 Seiten, kartoniert

7
Ernst Bindel
Logarithmen für jedermann
Elementare Einführung mit Hinweisen auf höhere Gesetzmäßigkeiten.
98 Seiten, kartoniert

8
Willi Aeppli
Sinnesorganismus – Sinnesverlust – Sinnespflege
Die Sinneslehre Rudolf Steiners in ihrer Bedeutung für die Erziehung.
113 Seiten, kartoniert

11
Walter Holtzapfel
Krankheitsepochen der Kindheit
94 Seiten, kartoniert

12
Frits H. Julius
Stoffeswelt und Menschenbildung
Teil 1: Chemie an einfachen Phänomenen dargestellt.
86 Seiten, kartoniert

14
Handarbeit und Kunstgewerbe
Angaben von Rudolf Steiner.
Für Pädagogen und Künstler zusammengestellt und mit Ausführungen versehen von Hedwig Hauck.
396 Seiten mit Schwarzweiß- und 6 Farbtafeln, Leinen

16
Martin Tittmann
Deutsche Sprachlehre der Volksschulzeit
Menschenkundlich begründet nach Anregungen Rudolf Steiners
173 Seiten, kartoniert

17
Karl König
Die ersten drei Jahre des Kindes
Erwerb des aufrechten Ganges – Erlernen der Muttersprache – Erwachen des Denkens.
8. Auflage, 110 Seiten, kartoniert

Verlag Freies Geistesleben

«Menschenkunde und Erziehung»

Schriften der Pädagogischen Forschungsstelle
beim Bund der Freien Waldorfschulen

20
Frits H. Julius
Grundlagen einer phänomenologischen Chemie
Teil II: Zum Chemieunterricht der Oberstufe.
317 Seiten, kartoniert

21
Hildegard Gerbert
Menschenbildung aus Kunstverständnis
Kunstgeschichte und Ästhetik in der Oberstufe der Waldorfschule.
162 Seiten, kartoniert

22
Heinz Müller
Von der heilenden Kraft des Wortes und der Rhythmen
Die Zeugnissprüche in der Erziehungskunst Rudolf Steiners.
117 Seiten, kartoniert

23
Frits H. Julius
Das Tier zwischen Mensch und Kosmos
Neue Wege zu einer Charakteristik der Tiere.
324 Seiten, kartoniert

25
Erziehung zur Freiheit
Die Pädagogoik Rudolf Steiners. Bilder und Berichte aus der Internationalen Waldorfschulbewegung. Text: Frans Carlgren, Bildredaktion: Arne Klingborg. Mit Vorworten von Rudolf Grosse und Ernst Weisert.
208 Seiten mit 250 meist farbigen Abbildungen, großes Querformat (24 x 34 cm), Leinen

27
Erika Dühnfort und
Ernst Michael Kranich
Der Anfangsunterricht im Schreiben und Lesen
in seiner Bedeutung für das Lernen und die Entwicklung des Kindes.
83 Seiten, kartoniert

28
Erhard Fucke
Die Bedeutung der Phantasie für Emanzipation und Autonomie des Menschen
Die sinnige Geschichte als ein Beispiel für die Phantasiepflege in den ersten Volksschuljahren.
116 Seiten, kartoniert

Verlag Freies Geistesleben

«Menschenkunde und Erziehung»

Schriften der Pädagogischen Forschungsstelle beim Bund der Freien Waldorfschulen

39
Stefan Leber / Wolfgang Schad / Andreas Suchantke
Die Geschlechtlichkeit des Menschen
247 Seiten, kartoniert

40
Rex Raab und Arne Klingborg
Die Waldorfschule baut
Die Architektur der Waldorfschulen 1920-1980.
288 Seiten mit 440 schwarzweißen und 24 farbigen Abb., gebunden

41
Martin Tittmann
«Zarter Keim die Scholle bricht...»
Zeugnissprüche für die Klassen 1 – 8.
137 Seiten, kartoniert

42
Fritz Graf von Bothmer
Gymnastische Erziehung
Herausgegeben von Gisbert Husemann.
175 Seiten, gebunden

43
Christoph Lindenberg
Geschichte lehren
Thematische Anregungen zum Lehrplan.
210 Seiten, kartoniert

44
Julius Hebing
Welt, Farbe und Mensch
Hrsg. von Hildegard Berthold-Andrae
237 Seiten mit zahlreichen schwarzweißen und farbigen Abbildungen sowie 60 Tafeln in einer Mappe.
Format 25,5 x 32,5 cm, Leinen

45
Arnold Bernhard
Projektive Geometrie
Aus der Raumanschauung zeichnend entwickelt.
221 Seiten mit mehr als 200 Abbildung, gebunden

Verlag Freies Geistesleben

«Menschenkunde und Erziehung»

Schriften der Pädagogischen Forschungsstelle
beim Bund der Freien Waldorfschulen

62
Jugend und Literatur
Anregungen zum
Deutschunterricht
Hrsg. von Christoph Göpfert
317 Seiten, gebunden

63
Ernst Schuberth
**Der Anfangsunterricht
in der Mathematik**
an Waldorfschulen
Aufbau, fachliche Grundlagen und
menschenkundliche Gesichtspunkte. Mit einem Kapitel über
Rechenschwächen und drei Spielen
für die erste Klasse.
111 Seiten, kartoniert

64
Michael Brater / Claudia Munz
**Die pädagogische Bedeutung
der Buchführung**
Überlegungen und Erfahrungen zu
ihrem Einsatz in der Waldorfschule
277 Seiten, gebunden

66
Ernst Schuberth
**Der Mathematikunterricht
in der sechsten Klasse**
an Waldorfschulen
Teil 1: DieEinführung der Algebra
aus der Wirtschaftskunde
182 Seiten, gebunden

67
Moniek Terlouw
**Legasthenie und
ihre Behandlung**
Aus dem Niederländischen
von A. Dom-Lauwers
173 Seiten, gebunden

70
Arnold Wyss, Ernst Bühler,
Fritz Liechti, René Perrin
**Lebendiges Denken
durch Geometrie**
Neuausgabe.
92 Seiten, kartoniert

Verlag Freies Geistesleben